Paramahansa Yogananda
(1893–1952)

Onde Existe LUZ

Discernimento e inspiração
para enfrentar
os desafios da vida

Seleções dos ensinamentos de
PARAMAHANSA YOGANANDA

A RESPEITO DESTE LIVRO: Os excertos dos ensinamentos de Paramahansa Yogananda nesta compilação apareceram originalmente em seus livros, em artigos da revista *Self-Realization* (que ele fundou em 1925) e em outras publicações da *Self-Realization Fellowship*. As passagens aqui incluídas foram selecionadas dentre os escritos, palestras e conversas informais de Sri Yogananda com o propósito de apresentar um conveniente apanhado de citações, que os leitores possam rapidamente consultar em busca de conselho encorajador e esclarecimento sobre uma variedade de assuntos. *Onde Existe Luz* tem tido um público amplo e reconhecido desde que foi publicado pela primeira vez em inglês, em 1988.

Título do original em inglês publicado pela
Self-Realization Fellowship, Los Angeles (Califórnia):
Where There Is Light

ISBN-13: 978-0-87612-720-9
ISBN-10: 0-87612-720-0

Traduzido em português pela *Self-Realization Fellowship*
Copyright © 2016 Self-Realization Fellowship

Todos os direitos reservados. Exceto citações breves em resenhas críticas, nenhum trecho de *Onde Existe Luz* (*Where There Is Light*) poderá ser reproduzido, armazenado, transmitido ou exibido, sob qualquer forma ou por quaisquer meios (eletrônico, mecânico ou algum outro), já conhecidos ou ainda a serem inventados – inclusive fotocópia, gravação ou qualquer sistema de recuperação ou armazenamento de dados – sem a autorização prévia, por escrito, da editora: *Self-Realization Fellowship*, 3880 San Rafael Avenue, Los Angeles, California 90065-3219, USA.

Edição autorizada pelo
Conselho de Publicações Internacionais
da *Self-Realization Fellowship*.

O nome *Self-Realization Fellowship* e o emblema acima são marcas da *Self-Realization Fellowship*, sendo, para o leitor, a garantia de que a obra provém da sociedade estabelecida por Paramahansa Yogananda e transmite fielmente seus ensinamentos.

Terceira edição em português pela Self-Realization Fellowship, 2016
Third edition in Portuguese by Self-Realization Fellowship, 2016

ISBN-13: 978-0-87612-744-5
ISBN-10: 0-87612-744-8

Impresso no Brasil em 2020
1678-J6581

Sumário

página

Nota da terceira edição em português (2016).   xi
Prefácio.. xiii
Introdução xvii

1. **Nosso potencial infinito**   3
2. **Força em tempos de adversidade**   11
3. **Aprenda a meditar**   22
   A meditação é a ciência mais prática........   22
   Para começar a meditação.........................   23
   Exercício de respiração preparatório para a
      meditação...   24
   Concentre-se na paz e na alegria da alma...   25
   Aprenda a ciência iogue da verdadeira
      meditação...   26
   Exercício de meditação dirigida................   27
   Meditação na paz.......................................   28
   Medite até perceber a resposta divina.......   30
4. **Colocando-se acima do sofrimento**   31
   O poder curativo de Deus..........................   37
   O poder das afirmações e da oração..........   40
   A técnica de afirmação   42
   Cultivando a fé em Deus............................   45
5. **Segurança num mundo incerto**................   52
6. **Sabedoria para resolver problemas e tomar
   decisões na vida**..   59

Desenvolvendo o discernimento para
  julgar 61
Intuição: o descortino da alma 66

7. **Alcançando seus objetivos** **69**
O uso da força de vontade dinâmica 69
Como lidar construtivamente com o
  fracasso 72
Concentração: a chave do êxito 75
Criatividade 77
Produzindo o êxito integral 80
O valor do entusiasmo 82
Abundância e prosperidade 85

8. **Paz interior: antídoto contra o estresse,**
   a preocupação e o medo **90**
Nervosismo 91
Preocupação e medo 94

9. **Revelando o que há de melhor em seu**
   interior **103**
Introspecção: o segredo do progresso 105
Vencendo as tentações 107
A atitude correta em relação a erros
  passados 114
Criando bons hábitos e destruindo maus
  hábitos 117

10. **Felicidade** **124**
Atitudes mentais positivas 124
Libertando-se dos estados negativos de
  humor 129
Serviço ao próximo 133
As condições internas da felicidade 134

11. Dar-se bem com os demais **139**
  Lidando com relacionamentos desarmoniosos............ 139
  Desenvolvendo uma personalidade harmoniosa............ 143
  Superando as emoções negativas............ 145
  O perdão............ 151

12. Amor incondicional: aperfeiçoando os relacionamentos humanos **154**
  Equilíbrio das qualidades femininas e masculinas............ 156
  Casamento............ 159
  Amizade............ 164

13. Compreendendo a morte **170**

14. Como usar pensamentos de imortalidade para despertar seu verdadeiro Eu **183**
  Dia e noite, afirme quem você realmente é............ 183
  Descarte todos os pensamentos limitadores que ocultam seu verdadeiro Eu............ 184
  Saiba que o Eu é inseparável de Deus...... 185
  Pense, afirme e perceba sua natureza divina............ 186
  Grave constantemente a verdade divina na mente............ 187
  Sua alma não pode ser ferida pelos testes 189
  Nada tema, pois você é filho de Deus...... 190
  Você é Espírito: afirme suas qualidades espirituais............ 191
  Você é Luz, você é Alegria............ 192

Você é Amor 194
"Tu és Isso" 195

15. A Meta Suprema **197**
   Encontrando tempo para Deus em sua vida 199
   Praticando a presença de Deus 203
   Estabelecendo um relacionamento com Deus 208
   Prova da resposta de Deus 210
   O elemento pessoal na busca de Deus 213

A respeito do autor 219

Glossário 233

Índice temático 246

O Legado Espiritual de Paramahansa Yogananda

Paramahansa Yogananda (1893–1952) é amplamente reconhecido como um dos vultos espirituais mais preeminentes de nossa época; a influência de sua vida e obra não para de crescer. Um grande número de ideias e métodos religiosos e filosóficos que ele apresentou há décadas está se manifestando hoje na educação, na psicologia, nos negócios, na medicina e em outros campos de atividade, contribuindo, com um alcance muito amplo, para uma visão da vida mais humana, integrada e espiritual.

O fato de os ensinamentos de Paramahansa Yogananda estarem sendo interpretados e aplicados criativamente em campos de atividade tão diversificados – e adotados por figuras exponenciais de diferentes movimentos filosóficos e metafísicos – não indica apenas a grande utilidade prática do que ele ensinou; torna clara também a necessidade de se garantir, de alguma forma, que o seu legado espiritual não seja diluído, fragmentado ou distorcido com o passar do tempo.

Com a crescente variedade de fontes de informação a respeito de Paramahansa Yogananda, os leitores às vezes querem saber como certificar-se de que determinada publicação apresenta fielmente sua vida e ensinamentos. Em resposta a essa indagação, gostaríamos de explicar que Sri Yogananda fundou a *Self-Realization Fellowship*[1] para disseminar seus ensinamentos e lhes preservar a pureza e integridade em benefício das gerações futuras. Ele pessoalmente selecionou e instruiu aqueles discípulos imediatos que formaram o Conselho de Publicações da *Self-Realization Fellowship* e lhes deu diretrizes específicas para a preparação e publicação de suas palestras, escritos e as *Lições da Self-Realization Fellowship*. Os membros do Conselho de Publicações da SRF zelam por essas diretrizes como um patrimônio sagrado, a fim de que a mensagem universal desse bem-amado instrutor do mundo inteiro mantenha a força e a autenticidade originais.

O nome e o emblema da *Self-Realization Fellowship* (que se vê na página anterior) foram criados por Sri Yogananda para identificar a organização que ele fundou com a finalidade de levar adiante sua obra espiritual e humanitária no mundo todo. Ambos aparecem nos livros, gravações em áudio e vídeo, filmes e demais publicações da *Self-Realization Fellowship*, garantindo ao leitor que o trabalho provém da organização fundada por Paramahansa Yogananda e transmite fielmente seus ensinamentos do modo que ele próprio idealizou.

SELF-REALIZATION FELLOWSHIP

---

1. Literalmente, "Associação de Autorrealização". Paramahansa Yogananda explicou que o nome *Self-Realization Fellowship* significa "Associação com Deus por meio da Autorrealização e amizade com todas as almas que buscam a verdade".

Nota da quarta edição em português (2020)

Nos mais de 30 anos desde a primeira publicação, *Onde Existe Luz* tem sido bem recebido como um apanhado geral e uma apresentação dos ensinamentos espirituais de Paramahansa Yogananda. Traduzido em muitos idiomas, este livro encontrou lugar permanente na vida de inúmeros leitores da *Autobiografia de um Iogue* e de outras obras dele.

Esta edição inclui dois novos capítulos: "Aprenda a meditar" (capítulo 3) e "Como usar pensamentos de imortalidade para despertar seu verdadeiro Eu" (capítulo 14). Os dois capítulos novos oferecem métodos práticos para que os leitores ponham imediatamente em prática o discernimento e a inspiração dos ensinamentos de Paramahansa Yogananda encontrados neste livro. Alguns capítulos foram revisados de modo a acrescentar outras citações de obras suas ainda inéditas quando *"Onde Existe Luz"* foi lançado em 1988.

Esperamos que esta nova edição traga luz e esperança ao número cada vez maior de almas que se voltam para os escritos deste bem-amado instrutor do mundo inteiro, como um farol de orientação espiritual abrangente e universal para a nossa emergente civilização mundial.

Self-Realization Fellowship

Prefácio

*Sri Daya Mata (1914–2010),
terceira presidente e líder espiritual da*
Self-Realization Fellowship/
Yogoda Satsanga Society of India

Durante os anos em que tive a bênção de receber o treinamento espiritual de Paramahansa Yogananda,[1] acabei percebendo que duas coisas distinguem a verdadeira sabedoria: primeiro, ela abrange todos os aspectos do nosso ser – corpo, mente e alma; nossa vida pessoal e nosso relacionamento com a família, com a comunidade e com o mundo. Ao mesmo tempo, é tão simples e direta que sentimos dentro de nós: "Sim, é óbvio! Eu sempre soube disso!" Ocorre a sensação de despertar novamente para um entendimento interno que já existia. Quando somos tocados nesse nível mais profundo, a verdade deixa de ser mera filosofia e imediatamente se traduz em soluções efetivas e viáveis para os nossos problemas.

Assim eram as verdades que jorravam, em torrente incessante, do meu guru, Paramahansa Yogananda, não como abstrações teológicas ou trivialidades, mas como expressões práticas dessa sabedoria suprema que traz consigo, em todas as circunstâncias da vida, o êxito, a saúde, a felicidade

---

1. Sri Daya Mata entrou no *ashram* da *Self-Realization Fellowship*, como renunciante, em 1931 e recebeu seu treinamento espiritual diretamente de Paramahansa Yogananda por mais de vinte anos. Foi escolhida por ele para ser a terceira presidente e legítima líder espiritual de sua organização internacional, cargo que exerceu de 1955 até o seu falecimento em 2010.

duradoura e o amor divino. Embora os ensinamentos de Paramahansaji,[2] na plenitude de sua abrangência e profundidade, representem material para um grande número de volumes, temos o prazer de apresentar, nesta coletânea, algumas joias isoladas de pensamentos que cintilam em seus escritos e conferências – verdades profundas transmitidas em poucas mas poderosas palavras que acalentam a consciência renovada de nossos ilimitados recursos internos e proporcionam um reconfortante sentido de orientação em tempos de incerteza ou crise.

Eram essas capacidades inatas de força e compreensão intuitiva que Paramahansa Yogananda tratava de despertar naqueles que procuravam seu treinamento. Quando as dificuldades surgiam em nossa vida pessoal ou nos assuntos da sua organização mundial, corríamos para ele em busca de soluções. Contudo, acontecia frequentemente que, antes mesmo de termos chance de falar, ele fazia um gesto para que nos sentássemos e meditássemos. Em sua presença, nossa mente se acalmava e convergia para Deus, e a inquietude e a confusão criadas por nossos problemas dissolviam-se por completo. Mesmo que ele nada houvesse dito em resposta às nossas perguntas, quando voltávamos aos nossos afazeres os nossos pensamentos eram mais claros e descobríamos que algo dentro de nós discernia a maneira correta de proceder.

Paramahansaji nos deu uma base sólida de princípios necessária para guiar nossos pensamentos e ações com sabedoria, coragem e fé. Mas ele não

2. *Ji*, sufixo que denota respeito.

raciocinava por nós. Insistia em que desenvolvêssemos nosso próprio discernimento pelo aprofundamento de nossa sintonia com Deus, de modo que percebêssemos por nós mesmos o melhor caminho a seguir em qualquer situação específica.

Tenho profunda esperança de que cada leitor encontre, nesta amostra das palavras de Paramahansa Yogananda, sabedoria e inspiração para traçar um caminho vitorioso por entre as desafiadoras circunstâncias de sua própria vida. E acima de tudo, que essas verdades tragam um incentivo duradouro para que busquem os recursos internos de força, alegria e amor que brotam de nossa relação eterna com Deus. Nessa descoberta é que reside a suprema realização que a vida pode oferecer.

Daya Mata

Los Angeles, Califórnia
Dezembro de 1988

Introdução

No espaço aparentemente vazio existe um Liame, uma Vida eterna que une tudo no universo, os seres animados e inanimados – uma onda de Vida que flui através de tudo.

Paramahansa Yogananda

À medida que a nossa civilização adentra o século 21, nosso maior motivo de otimismo é o emergente reconhecimento da unidade subjacente à vida. As mais elevadas tradições espirituais da Humanidade ensinaram, durante séculos, que a nossa vida é parte integrante de um todo universal; hoje, a elas se juntam os físicos – os novos "visionários" – que proclamam que um cordão unificador liga as mais longínquas galáxias às menores células de nossos corpos. E à medida que essas descobertas começam a se fundir com as da biologia, da medicina, da psicologia, da ecologia e de outros campos, nós nos encontramos equilibrando-nos à beira de uma revolução do entendimento humano – captando vislumbres de uma unidade e de uma harmonia tão vastas, tão comovedoramente perfeitas, que ficamos com uma visão radicalmente diferente de nós mesmos e de nossas potencialidades.

Essa nova visão transmite um profundo sentimento de segurança em face dos enormes desafios que o mundo de hoje enfrenta. Começamos a perceber que não somos vítimas indefesas de um cosmos aleatoriamente caótico. Os incômodos do corpo e da mente, os incômodos igualmente alarmantes que afetam nossa estabilidade familiar, social e econômica, as ameaças ecológicas à própria Terra, tudo isso decorre do desacordo com a harmonia e a unidade essenciais do cosmo, em nível pessoal, comunitário, nacional ou planetário. Aprendendo a integrar a nossa vida com essa harmonia universal, podemos enfrentar vitoriosamente qualquer desafio ao nosso bem-estar.[1]

Nossa época foi depositária de uma quantidade sem precedentes de teorias e métodos para alcançar esse bem-estar. A medicina, a psicologia e o surgimento de um sem-número de abordagens metafísicas oferecem, todas elas, soluções a partir de seu ponto de vista especializado. Entretanto, o alude de informações daí resultante, muitas delas aparentemente contraditórias, frequentemente nos impossibilita de perceber uma continuidade, uma ordem que concentre nossos esforços para ajudar a nós mesmos e aos demais. Encontramo-nos, então, em busca de uma perspectiva mais ampla, alguma forma de harmonizar e transcender a visão parcial resultante da nossa era de excessiva especialização.

Essa perspectiva mais ampla – descoberta na antiguidade pelos fundadores das maiores tradições

---

1. "A ordem cósmica que sustenta o universo não é diferente da ordem moral que governa o destino do homem", escreveu Paramahansa Yogananda. A ciência moderna está confirmando, cada vez mais, a eficácia dos antigos métodos indianos de promover a harmonia equilibrada da consciência humana com as leis cósmicas, como evidencia este comentário recente do professor Brian D. Josephson, prêmio Nobel de física: "O *Vedanta* e o *Sankhya* [sistemas filosóficos hindus, dos quais a *Yoga* é a aplicação prática] guardam a chave das leis que regem os processos da mente e dos pensamentos, que estão correlacionadas com o campo quântico, isto é, com a distribuição e o funcionamento das partículas nos níveis atômico e molecular".

espirituais do planeta e vislumbrada recentemente pelos cientistas pioneiros dos tempos modernos – revela que, subjacentes tanto à ciência quanto à religião, existem princípios universais que governam toda a criação. "A verdade, para a ciência, é vista a partir de fora", disse Paramahansa Yogananda. "O metafísico vê a verdade a partir de dentro. É por isso que eles colidem. Mas as almas realizadas que entendem tanto a ciência quanto a metafísica não encontram diferença alguma. Elas veem o paralelismo entre a ciência e a verdade porque enxergam o panorama completo."

A obra-mestra da vida de Paramahansa Yogananda[2] foi mostrar como todos podemos transformar essa visão de harmonia, de possibilidade intelectual, em experiência pessoal direta aplicável à vida cotidiana. Instrutor mundial que trouxe ao Ocidente, em 1920, a antiga ciência da meditação iogue,[3] ele dedicou sua vida a unir o Oriente e o Ocidente com os laços duradouros da compreensão espiritual e a ajudar os outros a tornar efetivos os infinitos recursos de paz, amor e alegria que existem dentro de cada ser humano.

Onde Existe Luz contém apenas uma pequena amostra de seus ensinamentos. A variada fragrância de seu conteúdo reflete o largo espectro das fontes de onde provém: algumas passagens foram transcritas de conferências públicas ou de seminários; outras, de palestras informais a pequenos grupos de

2. Ver capítulo "A respeito do autor", página 219.
3. Ver *Yoga* no glossário.

discípulos e amigos; trechos suplementares foram extraídos de seus escritos.

Uma explicação mais minuciosa dos preceitos referidos neste volume se encontra nas publicações relacionadas na página 230. Para os leitores que não estejam familiarizados com a filosofia e ideais espirituais de Paramahansa Yogananda, *Onde Existe Luz* servirá como introdução útil a eles. E a todos aqueles que já iniciaram a jornada interna em direção à Fonte dessa luz oferecemos esta compilação como um manual de conselhos espirituais – um reservatório singular de discernimento e inspiração para a vida diária.

SELF-REALIZATION FELLOWSHIP

Onde Existe Luz

Capítulo 1

Nosso potencial infinito

Quando começamos a entender o ser total que o homem é, compreendemos que ele não é um simples organismo físico. Dentro dele há muitos poderes, cujo potencial ele emprega, em grau maior ou menor, para se adaptar às condições deste mundo. É muito maior esse potencial do que imagina o homem comum.

❖ ❖ ❖

Por trás da luz de cada pequena lâmpada há uma grande corrente dinâmica; sob cada pequena onda existe o vasto oceano, o qual se tornou as muitas ondas. Assim é com os seres humanos. Deus criou todos os homens à Sua imagem[1] e deu liberdade a cada um deles. Mas você esquece a Fonte de seu ser e o poder sem igual de Deus que é intrínseco a você. As possibilidades deste mundo são ilimitadas; o progresso potencial do homem é ilimitado.

❖ ❖ ❖

Cada ser humano é uma expressão do vasto e grandioso Espírito. Já que você é uma manifestação do Espírito, deve se esforçar para expressar as suas próprias potencialidades infinitas.

❖ ❖ ❖

1. Gênesis 1:27.

Você é muito maior do que qualquer coisa ou qualquer pessoa que você ansiou ser. Deus manifesta-Se em você de um modo como não Se manifesta em nenhum outro ser humano: sua face é diferente da de qualquer outra pessoa; sua alma é diferente da de qualquer outra pessoa. Você basta a si próprio, pois dentro de sua alma está o maior de todos os tesouros: Deus.

❖ ❖ ❖

Todos os grandes mestres afirmam que dentro deste corpo está a alma imortal, uma centelha Daquilo que tudo sustenta.

❖ ❖ ❖

De onde provém a nossa verdadeira personalidade? Vem de Deus. Ele é Consciência Absoluta, Existência Absoluta e Bem-aventurança Absoluta. (...) Concentrando-se internamente, você pode sentir, de um modo direto, a divina bem-aventurança de sua alma dentro de você, e fora também. Se puder manter-se nessa consciência, sua personalidade externa vai se desenvolver e vai se tornar atraente a todos os seres. A alma é feita à imagem de Deus, e quando nos estabelecemos na consciência da alma, nossa personalidade começa a refletir a Sua bondade e beleza. Essa é a sua verdadeira personalidade. Quaisquer outras características que você exiba são uma espécie de enxerto – elas não são o verdadeiro "você".

❖ ❖ ❖

Faça uma autoanálise: alguma coisa dentro de você o está sempre cutucando para buscar aquele

Nosso potencial infinito

"algo mais" que parece faltar em sua vida. No eu interior de todos os seres humanos existe uma arraigada necessidade de realização. Por quê? Porque caímos e nos distanciamos do regaço do Pai. Vagamos para longe de nosso eterno lar em Deus e ansiamos por recuperar a perfeição perdida.

❖ ❖ ❖

A alma é absolutamente perfeita, mas quando se identifica com o corpo como ego,[2] sua expressão fica distorcida pelas imperfeições humanas. (...) A *Yoga* nos ensina a conhecer a natureza divina em nós mesmos e nos outros. Por meio da meditação iogue podemos ter consciência de que somos deuses.[3]

❖ ❖ ❖

O reflexo da lua não pode ser visto claramente em águas agitadas, mas quando a superfície da água está calma, aparece um reflexo perfeito da lua. O mesmo acontece com a mente: quando está tranquila, vê-se claramente refletida a face enluarada da alma. Como almas, somos reflexos de Deus. Quando, por meio de técnicas de meditação,[4]

---

2. Ver *egoísmo* no glossário.
3. "Eu disse: Vós sois deuses, e filhos do Altíssimo, todos vós" (Salmos 82:6). "Não está escrito na vossa lei: Eu disse: Sois deuses?" (João 10:34).
4. "Aquietai-vos, e sabei que eu sou Deus" (Salmos 46:10). Técnicas científicas de meditação iogue, que possibilitam aquietar e interiorizar a consciência e perceber interiormente a presença de Deus, são ensinadas por Paramahansa Yogananda nas *Lições da SRF*, uma série abrangente de lições para estudo em casa, compiladas a partir de suas aulas e conferências. Essas lições estão disponíveis na Sede Central da SRF.

eliminamos os pensamentos inquietos do lago da mente, contemplamos nossa alma – reflexo perfeito do Espírito – e compreendemos que a alma e Deus são Um.

❖ ❖ ❖

A Autorrealização[5] é o conhecimento – percebido mediante o corpo, a mente e a alma – de que somos um com a onipresença de Deus, de que não temos de orar para que ela venha a nós, de que não estamos meramente sempre próximos dela, mas de que a onipresença de Deus é nossa própria onipresença, de que somos parte Dele agora, tal qual haveremos sempre de ser. Só o que precisamos é aperfeiçoar nosso conhecimento.

❖ ❖ ❖

Concentre sua atenção no seu interior.[6] Você sentirá um novo poder, uma nova força, uma nova paz – em seu corpo, mente e espírito. (...) Comungando com Deus, você muda sua condição de ser mortal para ser imortal. Quando fizer isso, todos os liames que o limitam serão rompidos.

❖ ❖ ❖

Há minas de poder que jazem inexploradas dentro de você. Em tudo o que faz, você usa esse poder inconscientemente e alcança determinados resultados. Mas, se aprender a controlar e a usar conscientemente os poderes que há em você, poderá realizar muito mais.

---

5. Ver *Eu* [*Self*] no glossário.
6. "Nem dirão: Ei-lo aqui, ou, Ei-lo ali; porque eis que o reino de Deus está dentro de vós" (Lucas 17:21).

❖ ❖ ❖

Poucas pessoas neste mundo tentam conscientemente desenvolver os potenciais do corpo, da mente e da alma. As demais são vítimas de circunstâncias do passado. Caminham penosamente, empurradas por hábitos errôneos do passado, desamparadamente vencidas por sua influência, lembrando apenas: "sou um homem nervoso", ou "sou fraco", ou "sou pecador" e assim por diante.

❖ ❖ ❖

Depende de cada um de nós cortar, com a espada da sabedoria, as cordas de nossa servidão, ou continuar atados.

❖ ❖ ❖

Uma das ilusões da vida é continuar a viver desamparadamente. Tão logo você diz que "não adianta", as coisas se tornam assim. (...) Pensar que você não pode mudar à vontade é um engano.

❖ ❖ ❖

Nossas mentes pequeninas são parte da mente onipotente de Deus. Sob a onda da nossa consciência está o infinito oceano da consciência divina. Por esquecer-se de que faz parte do Oceano, a onda se desliga desse poder oceânico. Em consequência, nossas mentes tornaram-se enfraquecidas por nossas tribulações e limitações materiais. A mente parou de trabalhar. Você ficará surpreso com o quanto ela pode fazer se você jogar fora as limitações que pôs nela.

❖ ❖ ❖

Por que limitar sua capacidade consoante o ditado: "Não morda um pedaço maior do que pode mastigar"? Acho que você deve morder um pedaço maior do que pode mastigar, e então mastigá-lo!

❖ ❖ ❖

A mente é como um elástico. Quanto mais você puxa, mais ela estica. A mente elástica nunca arrebenta. Sempre que você sinta que sofre limitações, feche os olhos e diga a si próprio: "Eu sou o Infinito", e verá o poder que você tem.

❖ ❖ ❖

Quando você me diz que não pode fazer isso ou aquilo, eu não acredito. O que quer que decida fazer, você é capaz de fazê-lo. Deus é a soma total de todas as coisas e a Sua imagem está dentro de você. Ele pode fazer qualquer coisa, e você também pode, se aprender a identificar-se com Sua natureza inexaurível.

❖ ❖ ❖

Não se considere um fraco mortal. Quantidades incríveis de energia estão ocultas em seu cérebro. Em um grama de carne há o suficiente para fazer funcionar a cidade de Chicago por dois dias.[7] E você diz que está cansado?

❖ ❖ ❖

7. Séculos antes de os físicos modernos provarem a equivalência de matéria e energia, os sábios da Índia declaravam que toda forma de matéria é redutível a alguma espécie de energia: ver *prana* no glossário.

Deus nos fez anjos de energia, encerrados em matéria sólida – correntes de vida fulgurando através de um bulbo material de carne. Mas concentrando-nos nas fraquezas e nas fragilidades do bulbo corpóreo, esquecemo-nos de como sentir as propriedades imortais e indestrutíveis da eterna energia vital que está dentro da carne mutável.

❖ ❖ ❖

Quando você transcende a consciência deste mundo – sabendo que não é o corpo nem a mente e, ainda assim, estando mais consciente do que nunca de que existe –, é essa consciência divina o que você é. Você é Aquilo em que tudo no universo deita raízes.

❖ ❖ ❖

Todos vocês são deuses; se pelo menos pudessem ter consciência disso... Por trás da onda da consciência está o mar da presença de Deus. Vocês precisam olhar para dentro de si. Não se concentrem na pequena onda do corpo e suas fraquezas; espiem mais para o fundo. (...) Ao elevarem a consciência acima do corpo e suas experiências, encontrarão essa esfera [da consciência] repleta da grande alegria e da bem-aventurança que ilumina as estrelas e concede poder aos ventos e tempestades. Deus é a fonte de todas as nossas alegrias e de todas as manifestações da natureza. (...)

Despertem das trevas da ignorância. Vocês fecharam os olhos no sono da ilusão. Acordem! Abram os olhos e contemplarão a glória de Deus – o vasto panorama da luz de Deus se derramando sobre todas as coisas. Eu lhes digo que sejam divinamente realistas, e em Deus vocês encontrarão a resposta para todas as perguntas.

Afirmações[8]

Estou submerso na luz eterna. Ela permeia cada partícula do meu ser. Vivo nessa luz. O Espírito Divino me preenche por dentro e por fora.

❖ ❖ ❖

Ó Pai, rompe as fronteiras das pequenas ondas de minha vida, para que eu possa me unir ao oceano de Tua vastidão.

---

8. Instruções para o uso de afirmações são dadas na página 42 e seguintes.

Capítulo 2

Força em tempos de adversidade

Tudo o que o Senhor criou foi para nos testar, para trazer de volta a imortalidade da alma sepultada dentro de nós. Essa é a aventura da vida, seu único propósito. E a aventura de cada um é diferente, singular. Você deve estar pronto para lidar com todos os problemas de saúde, da mente e da alma com métodos indicados pelo bom senso e com fé em Deus, sabendo que, na vida ou na morte, a sua alma permanece invicta.

❖ ❖ ❖

Não deixe a vida derrotá-lo. Derrote a vida! Se você tiver uma vontade forte, poderá superar todas as dificuldades. Afirme, mesmo em meio às agruras: "O perigo e eu nascemos juntos, e eu sou mais perigoso do que o perigo!" Essa é uma verdade que você deve lembrar sempre; aplique-a e verá que funciona. Não se comporte como um mortal acanhado. Você é filho de Deus!

❖ ❖ ❖

Muita gente receia os problemas da vida. Eu nunca tive medo deles, pois sempre rezei: "Que o Teu poder, Senhor, cresça em mim. Conserva-me na consciência positiva de que, com o Teu auxílio, eu sempre posso superar as minhas dificuldades."

❖ ❖ ❖

Uma vez que você é feito à imagem de Deus, acreditar que as provas por que passa implicam dificuldade maior do que o poder de sua divindade para superá-las é crer numa inverdade. Lembre-se: não importa o que suas provas sejam, você não é demasiadamente fraco para lutar. Deus não admitirá que você seja tentado além do que é capaz de enfrentar.

❖ ❖ ❖

São Francisco enfrentou tribulações maiores do que você poderia imaginar, mas não se deu por vencido. Pelo poder da mente, ele superou esses obstáculos um por um e unificou-se com o Senhor do Universo. Por que não ter esse mesmo grau de determinação?

❖ ❖ ❖

Use cada provação que lhe vier como uma oportunidade para aprimorar-se. Quando passa pelos testes e dificuldades da vida, você geralmente se rebela: "Por que isto tem que acontecer comigo?" Em vez disso, você deveria considerar cada provação uma picareta com que cavar o solo da consciência, dando vazão à fonte interior de fortaleza espiritual. Cada teste deveria revelar o poder oculto que você tem dentro de si como filho de Deus, feito à Sua imagem.

❖ ❖ ❖

Fugir dos problemas pode parecer a solução mais fácil, mas você só se fortalece quando luta com um adversário forte. Quem não tem dificuldades não cresce.

❖ ❖ ❖

Uma vida sem problemas não seria propriamente uma vida – pois não teria incentivos para o autoaperfeiçoamento e para o desenvolvimento do nosso potencial divino.

❖ ❖ ❖

Conquistar a si próprio é ser verdadeiramente vitorioso – conquistar as restrições da consciência e expandir ilimitadamente os poderes espirituais. Você pode ir até onde quiser – além de todas as limitações – e ter uma existência supremamente vitoriosa. Escape da cela mental da ignorância que o mantém confinado. Pense de modo diferente.

❖ ❖ ❖

Com a espada-pensamento da sabedoria, corte as cordas-pensamento que o prendem. A vida é uma batalha e você tem que lutar para vencê-la. (...) Quem poderá impedi-lo de pensar que você é um deus? Ninguém. Você é a sua única obstrução.

❖ ❖ ❖

Pare de pensar que é um ser mortal se quiser encontrar felicidade duradoura. Pratique esta verdade na vida diária.

❖ ❖ ❖

Sorria para o mundo com um sorriso interior. (...) Você pode aprender a ser feliz à vontade e a manter a felicidade interior, aconteça o que acontecer. Algumas pessoas são completamente esmagadas pelos testes; outras sorriem apesar das dificuldades. Os que não são vencidos em espírito são os que realmente obtêm sucesso na vida.

❖ ❖ ❖

Quando minhas provações se tornam muito grandes, busco a compreensão, primeiro, em mim mesmo. Não ponho a culpa nas circunstâncias, nem tento corrigir os demais. Primeiro eu me interiorizo. Tento limpar a cidadela do espírito para remover tudo o que obstrua a todo-poderosa e plenamente sábia expressão da alma. Esse é o modo de viver que produz êxito.

❖ ❖ ❖

Doenças e dificuldades nos trazem uma lição. Nossas experiências dolorosas não foram feitas para nos destruir, mas para incinerar nossas impurezas e nos apressar na nossa volta ao Lar. Ninguém está mais ansioso pela nossa libertação do que Deus.

❖ ❖ ❖

A cortina de fumaça da ilusão se interpôs entre Deus e nós, e Ele lamenta que O tenhamos perdido de vista. Ele não gosta de ver Seus filhos sofrerem tanto – morrendo por causa de bombas que caem, de doenças terríveis e de hábitos de vida errôneos. Deus lamenta isso tudo, pois nos ama e nos quer de volta. Se pelo menos você fizesse o esforço, à noite, de meditar e estar com Ele. (...) Ele pensa tanto em você. (...) Você não foi abandonado. Foi você quem abandonou seu verdadeiro Eu.

❖ ❖ ❖

Quando você toma as experiências da vida como professor e aprende com elas a verdadeira natureza do mundo e o papel que você desempenha nele, essas experiências se tornam guias valiosos para chegar à satisfação e à felicidade eternas.

❖ ❖ ❖

Em certo sentido, a infelicidade é sua melhor amiga, porque o impulsiona a buscar Deus. Quando você começa a ver claramente a imperfeição do mundo, começa a procurar a perfeição de Deus. A verdade é que Deus está usando o mal não para nos destruir, mas para nos desiludir de Seus brinquedos, das distrações deste mundo, de modo que possamos buscá-Lo.

❖ ❖ ❖

O desalento não é senão a sombra que a mão da Mãe Divina [1] projeta quando se estende para acariciar. Não se esqueça disso. Às vezes, quando a Mãe vai acariciá-lo, Sua mão produz uma sombra antes de tocá-lo. Desse modo, quando as dificuldades chegarem, não imagine que Ela o está punindo. Sua mão, que projeta sombra sobre você, leva uma bênção ao estender-se para trazê-lo mais perto Dela.

❖ ❖ ❖

O sofrimento é um bom professor para os que aprendem com ele, rapidamente e de boa vontade, mas torna-se um tirano para os que resistem e se ressentem. O sofrimento pode nos ensinar quase

---

1. As escrituras da Índia ensinam que Deus é tanto pessoal quanto impessoal, tanto imanente quanto transcendente. No Ocidente, os que O procuram se relacionam com Deus, tradicionalmente, em Seu aspecto pessoal de Pai. Na Índia, a ideia de Deus como compassiva e amorosa Mãe do universo encontra ampla aceitação. Ver *Mãe Divina* no glossário.

tudo. Suas lições nos estimulam a desenvolver discernimento, autocontrole, desapego, moralidade e consciência espiritual transcendente. Uma dor de estômago, por exemplo, nos diz para não comermos em excesso e prestarmos atenção ao que comemos. A dor resultante da perda de riquezas ou de pessoas queridas nos lembra a natureza temporária de todas as coisas neste mundo de ilusão. As consequências das ações errôneas nos impelem a exercitar o discernimento. Por que não aprender por meio da sabedoria? Dessa maneira você não se submeterá à dolorosa disciplina – desnecessária – deste rude capataz: o sofrimento.

❖ ❖ ❖

O sofrimento é causado pelo uso incorreto do livre-arbítrio. Deus nos deu o poder de aceitá-Lo ou rejeitá-Lo. Ele não quer nosso infortúnio, mas não interfere quando escolhemos ações que levam ao sofrimento.

❖ ❖ ❖

Todas as causas de saúde deficiente, súbito fracasso financeiro ou outras dificuldades que desabam sobre você inesperadamente, sem que você saiba o porquê, foram criadas por você próprio no passado, nesta ou numa encarnação anterior, e têm estado germinando em sua consciência silenciosamente.[2] (...) Não culpe a Deus nem a quem quer que seja se estiver sofrendo de moléstias, problemas

---

2. Reencarnação, a viagem evolutiva da alma em seu retorno para Deus, enseja repetidas oportunidades para crescimento, realizações e satisfações que não seriam possíveis no curto espaço de apenas uma vida terrena. Ver glossário.

financeiros ou distúrbios emocionais. Você criou as causas desses problemas no passado e precisa, com a máxima determinação, erradicá-las agora.

❖ ❖ ❖

É muito comum que as pessoas interpretem mal o significado de *karma*,[3] adotando uma atitude fatalista. Você não é obrigado a aceitar o *karma*. Se eu lhe disser que alguém está atrás de você pronto para agredi-lo porque certa vez você o agrediu, e você simplesmente diz "Bem, é o meu *karma*!" e fica à espera que a pessoa o ataque, é óbvio que você receberá um golpe! Por que não tenta acalmá-la? Pacificando-a, você poderá reduzir seu rancor e eliminar-lhe o desejo de atacá-lo.

❖ ❖ ❖

Os efeitos de suas ações têm muito menos poder de afetá-lo quando você não permite que a mente se renda a eles. Lembre-se disso. Você também pode resistir ao neutralizar os efeitos negativos das ações errôneas do passado com os efeitos positivos desencadeados pelas ações corretas no presente, evitando assim que se crie um ambiente favorável à colheita do mau *karma*.

❖ ❖ ❖

Quando você compreende a si próprio como sendo filho de Deus, que *karma* pode ter? Deus não tem *karma*. E você também não o terá quando tiver consciência de que é filho Dele. Você deveria

---

3. O resultado das ações passadas, regido pela lei de causa e efeito. "Tudo o que o homem semear, isso também ceifará" (Gálatas 6:7). Ver glossário.

afirmar todos os dias: "Não sou um ser mortal. Não sou o corpo. Sou filho de Deus." Isso é praticar a presença de Deus. Deus está livre de *karma*. Você é feito à Sua imagem. Você também está livre de *karma*.

❖ ❖ ❖

Não deixe ninguém dizer que os sofrimentos e problemas que você experimenta são seu *karma*. Você [a alma] não tem *karma*. Shankara[4] disse: "Sou uno com o Espírito; Eu sou Ele". Se compreender profundamente essa verdade, você será um deus. Mas se você se mantiver afirmando: "Sou um deus" e, no entanto, no fundo da mente, estiver pensando: "Mas parece que sou um ser mortal", você será um ser mortal. Se você tiver consciência de que é um deus, será livre.

❖ ❖ ❖

"Não sabeis vós que sois templo de Deus, e que o Espírito de Deus habita em vós?"[5] Se você puder purificar e expandir a mente por meio da meditação e receber Deus em sua consciência, você também estará livre da ilusão de doença, limitações e morte.

❖ ❖ ❖

Se quiser elevar-se acima do *karma*, procure compreender estas três verdades: (1) *Quando a mente é forte e o coração é puro, você é livre.* A mente é que o liga às dores do corpo. Quando

---

4. Swami Shankara foi um dos mais eminentes filósofos da Índia. A época em que viveu não é bem conhecida. Um grande número de historiadores o coloca no século 8 ou começo do século 9.
5. I Coríntios 3:16.

seus pensamentos forem puros e você tiver a mente forte, não poderá sofrer os dolorosos efeitos do mau *karma*. Isso foi uma das coisas mais felizes que eu descobri. *(2) No sono subconsciente, você é livre. (3) Quando está em êxtase,*[6] *identificado com Deus, você não tem* karma. É por isso que os santos dizem: "Orai sem cessar". Quando orar e meditar ininterruptamente, você alcançará o plano da superconsciência, onde nenhuma perturbação poderá alcançá-lo.

❖ ❖ ❖

Você pode tornar-se livre de *karma* agora mesmo, por meio desses métodos. Toda vez que perturbações cármicas infestarem sua vida, procure dormir. Ou então produza pensamentos puros e torne sua mente forte como aço dizendo a si próprio: "Estou acima disso tudo". Ou – o que é o melhor – em meditação profunda, entre no divino estado da superconsciência. A bem-aventurança desse nível de consciência é o estado natural de sua alma, mas você esqueceu sua verdadeira natureza por ter passado tanto tempo identificado com o corpo. Esse estado da alma, livre de perturbações, bem-aventurado, tem que ser readquirido.

❖ ❖ ❖

6. O elevado estado de consciência no qual se percebe Deus diretamente. O estado consciente é aquele em que se tem conhecimento do corpo e do seu ambiente externo. O estado subconsciente é a mente interna, que opera durante o sono e em certos processos mentais como a memória, por exemplo. O estado superconsciente é a mente superior transcendental ou consciência espiritual da alma. Ver *samadhi* no glossário.

A natureza da alma [como Espírito individualizado] é bem-aventurança: um duradouro estado interior de sempre-nova, sempre cambiante alegria. Essa bem-aventurança oferece eternamente alegria imperecível a quem a conseguiu, mesmo quando a pessoa atravessa as provações do sofrimento físico ou da morte.

❖ ❖ ❖

Os remédios materiais – medicamentos, conforto físico, consolo humano – têm suas indicações para fazer desaparecer a dor, mas o remédio máximo é a prática da *Kriya Yoga*[7] e da afirmação de que você é um com Deus. Essa é a panaceia para todas as perturbações, dores e privações – o caminho para a libertação de todo o *karma* individual e coletivo.[8]

Afirmações

Sei que o poder de Deus é ilimitado; como sou feito à Sua imagem, também tenho a força necessária para superar todos os obstáculos.

---

7. Uma técnica científica de comunhão interior com Deus. A ciência da *Kriya Yoga* é explicada no livro *Autobiografia de um Iogue*, de Paramahansa Yogananda. Ver glossário.
8. As ações acumuladas dos seres humanos, no âmbito das comunidades, das nações e do mundo como um todo, constituem o *karma* coletivo, que produz efeitos localizados ou generalizados de acordo com o grau e a preponderância do bem ou do mal. Os pensamentos e ações de cada indivíduo, portanto, contribuem para o bem ou para o mal deste mundo e de todas as pessoas que nele habitam.

❖ ❖ ❖

Querido Pai, quaisquer que sejam as condições com que me confronto, sei que representam o próximo passo no meu desenvolvimento. Receberei de bom grado todas as provas, pois sei que em mim está a inteligência para compreendê-las e o poder para superá-las.

Capítulo 3

Aprenda a meditar

A meditação é a ciência mais prática...

A meditação é a ciência da realização divina.[1] É a mais prática das ciências do mundo. A maioria das pessoas desejaria meditar se compreendesse o valor dessa ciência e experimentasse seus efeitos benéficos. O objetivo supremo da meditação é alcançar a percepção consciente de Deus e da eterna unidade da alma com Ele. Que realização poderia ser mais importante e útil do que atrelar as faculdades humanas limitadas à onipresença e onipotência do Criador? A realização divina confere a quem medita as bênçãos da paz, do amor, da alegria, do poder e da sabedoria do Senhor.

❖ ❖ ❖

A meditação utiliza a concentração em sua forma mais elevada. A concentração consiste em libertar a atenção das distrações e focalizá-la em algum pensamento em que se possa estar interessado. A meditação é a forma especial de concentração em que a atenção foi liberta da inquietude e focalizada em Deus. A meditação, portanto, é a concentração que se emprega para conhecer Deus.

1. Dá-se neste capítulo uma forma introdutória de meditação ensinada por Paramahansa Yogananda. O conjunto abrangente de técnicas que ele ofereceu – a ciência da *Kriya Yoga* de concentração e de meditação em todos os seus passos – pode ser obtido nas *Lições da Self-Realization Fellowship*. Ver pág. 225.

Aprenda a meditar

Para começar a meditação...

Sente-se numa cadeira de espaldar reto ou, com as pernas cruzadas, em uma superfície resistente. Mantenha a coluna vertebral ereta e o queixo paralelo ao chão.

❖ ❖ ❖

Se você tiver assumido a postura correta, seu corpo estará estável, embora descontraído, de modo que será possível permanecer completamente quieto sem mover um músculo. Essa imobilidade, sem que o corpo esteja em movimentos inquietos ou ajustando-se, é essencial para alcançar um estado de meditação profundo.

❖ ❖ ❖

Com os olhos semicerrados (ou completamente fechados, se lhe for mais confortável), olhe para cima, concentrando o olhar e a atenção como se estivesse espiando por um ponto entre as sobrancelhas. (Uma pessoa em concentração profunda frequentemente "franze" as sobrancelhas nesse ponto.)

Não fique vesgo nem force os olhos; o olhar se volta para cima naturalmente quando se está descontraído e tranquilamente concentrado. O importante é fixar *toda a atenção* no ponto entre as sobrancelhas. Este é o centro da Consciência Crística, a sede do olho único de que Cristo falou: "A candeia do corpo é o olho: de sorte que, se o teu olho for único, todo o teu corpo terá luz" (Mateus 6:22).

Quando o propósito da meditação é alcançado, o devoto acha-se com sua consciência automaticamente concentrada no olho espiritual e, na medida de sua capacidade espiritual interior, experimenta um estado de jubilosa união divina com o Espírito.

Exercício de respiração preparatório para a meditação...

Quando você estiver firme na postura de meditação que se acaba de descrever, o ponto seguinte é livrar os pulmões do dióxido de carbono acumulado, que causa inquietude.

Expulse o ar pela boca em uma expiração dupla "ha hahhh". (Este som é feito apenas com o alento, não com a voz.)

Em seguida, inspire profundamente pelas narinas e contraia todo o corpo contando até seis.

Expulse o ar pela boca em uma exalação dupla, "ha hahhh", e relaxe a tensão.

Repita isso três vezes.

❖ ❖ ❖

Como primeiro passo para entrar no reino de Deus, o devoto deve sentar-se imóvel, na postura correta de meditação, com a coluna vertebral ereta; deve, então, retesar e relaxar o corpo – pois, pelo relaxamento, a consciência se liberta dos músculos.

O iogue começa com a respiração profunda apropriada, inalando enquanto retesa o corpo e exalando enquanto relaxa, diversas vezes. A cada exalação, todo movimento e tensão muscular devem ser eliminados, até que se alcance o estado de quietude corporal. Então, por meio de técnicas de concentração, o movimento inquieto é removido da mente. Na perfeita quietude do corpo e da mente, o iogue desfruta a inefável paz da presença da alma.

A vida habita o templo do corpo; a luz, o templo da mente; e a paz, o templo da alma. Quanto mais nos aprofundamos na alma, mais sentimos essa paz; esse é o estado de superconsciência. Quando, pela meditação mais profunda, o devoto expande tal percepção de paz e sente que sua consciência se difunde, com essa paz, por todo o universo e que todas as criaturas e toda a criação são engolfadas por essa paz, então ele está entrando no estado de Consciência Cósmica. Ele sente essa paz em toda parte – nas flores, em cada ser humano, na atmosfera. Ele contempla a Terra e os mundos flutuando como borbulhas nesse oceano de paz.

A paz interior experimentada inicialmente pelo devoto na meditação é a sua própria alma; a paz ampliada que sente ao aprofundar-se é Deus. O devoto que alcança a experiência de sua união com todas as coisas estabeleceu Deus no templo de sua infinita percepção interior.

Concentre-se na paz e na alegria da alma...

Permaneça tranquilo. (...) Dê adeus às sensações do mundo – visão, audição, olfato, paladar e tato – e volte-se para o interior, onde a alma se expressa. (...)

Afaste todas as sensações corporais. Afaste todos os pensamentos inquietos. Concentre-se no pensamento de paz e alegria.

❖ ❖ ❖

A porta para o reino dos céus está no centro sutil de consciência transcendental, no ponto entre as sobrancelhas. Se você focalizar a atenção nesta que é a sede da concentração, encontrará imensa força espiritual e ajuda interior. Sinta sua consciência se expandir em consciência divina. Sinta que não existem barreiras nem apegos ao corpo, e sim que você entra cada vez mais no reino de Deus, que pode ser adentrado pelo olho espiritual.[2]

Oremos juntos: "Pai Celestial, abre o meu olho espiritual para que eu possa entrar no Teu reino de onipresença. Pai, não me deixes para trás neste mundo mortal de sofrimento; leva-me das trevas para a luz, da morte para a imortalidade, da ignorância para a sabedoria infinita, da tristeza para a alegria eterna."

Aprenda a ciência iogue da verdadeira meditação...

Raja Yoga, o caminho régio da união com Deus, é a ciência da autêntica percepção do reino de Deus que está dentro de cada um. Por meio da prática das sagradas técnicas iogues de interiorização, recebidas durante a iniciação conferida por

2. O olho único da intuição e da percepção onipresente no centro *(ajna chakra)* crístico *(Kutastha)* entre as sobrancelhas. O olho espiritual é a porta de entrada para os estados supremos de consciência divina. Despertando o olho espiritual e nele penetrando, o devoto alcança estados de consciência cada vez mais elevados: superconsciência, consciência crística e consciência cósmica. Os métodos para isso fazem parte da ciência de meditação da *Kriya Yoga*, técnicas específicas ensinadas aos estudantes das *Lições da Self-Realization Fellowship*, de Paramahansa Yogananda.

um verdadeiro guru, pode-se encontrar esse reino pelo despertar dos centros astrais e causais de força vital e consciência, na coluna vertebral e no cérebro, que são a entrada para as regiões celestiais da consciência transcendente.[3]

❖ ❖ ❖

Só orar não basta. As pessoas se perguntam por que rezam tanto e mesmo assim não recebem uma resposta pessoal de Deus. Elas não sabem como meditar. Por isso a *yoga* é necessária. Se você praticar as técnicas iogues da *Self-Realization*, chegará lá. A *yoga* não fica lhe dizendo que se você acreditar será salvo; ela ensina leis e técnicas científicas para sentir Deus em sua própria consciência.

Só quando você realmente comunga com Deus é que Ele responde abertamente. Não antes. Ele não consegue responder. Quando sua consciência está fechada atrás da porta da ignorância, Deus não consegue entrar. Quando você abre a porta Ele Se revela, e nessa percepção todas as coisas são possíveis. Entretanto, você tem que se esforçar. Você não vai encontrar Deus se sentar-se para meditar e sua mente começar a divagar sobre os mais diferentes assuntos. Mas se praticar as técnicas regularmente, você O encontrará.

Exercício de meditação dirigida...

Meditemos.

Sinta que está carregado da energia criativa e nutridora de Deus.

---

3. Ver *Raja Yoga*, *Kriya Yoga* e *chakras* no glossário.

Sinta que a consciência divina eterna está se manifestando em seu corpo, apagando a consciência mortal de insucessos passados, medo, doença e velhice.

Repita o seguinte pensamento com profunda atenção:

"Pai, Tu estás presente em meu corpo, em minha mente e em minha alma. Sou feito à Tua imagem. Abençoa meu corpo, minha mente e minha alma, para que brilhem com Teu eterno poder e com Tua eterna juventude, imortalidade e alegria. *Om*. Paz. Amém."

Meditação na paz...

Clame por Deus mentalmente, com todo o fervor e sinceridade de seu coração. Invoque-O conscientemente no templo do silêncio e, na meditação profunda, encontre-O no templo do êxtase e da bem-aventurança. (...) Por intermédio dos pensamentos e dos sentimentos, envie a Ele seu amor, com todo o coração, com toda a mente, com toda a alma e com todas as forças. Por meio da intuição da alma, sinta a manifestação de Deus explodindo pelas nuvens de sua inquietude como uma grande paz e uma grande alegria. A paz e a alegria são a voz de Deus que por tanto tempo dormitou por debaixo de sua ignorância, esquecida e ignorada na algazarra das paixões humanas.

O reino de Deus está imediatamente por trás da escuridão dos olhos fechados, e o primeiro portão que se abre para ele é a paz. Expire e relaxe, e sinta essa paz se espalhando por toda parte, no interior e no exterior. Mergulhe nessa paz.

Inspire profundamente; expire. Agora esqueça a respiração. Repita depois de mim:

Pai, amortecidos estão os sons do mundo e do céu.

Estou no templo da quietude.

Teu eterno reino de paz se espalha, estrato sobre estrato, diante de meu olhar. Que esse reino infinito, por tanto tempo oculto por trás das trevas, permaneça manifestado em mim.

A paz preenche meu corpo; a paz preenche meu coração e permanece em meu amor; paz no interior, paz no exterior, em toda parte.

Deus é paz, sou Seu filho. Sou paz. Deus e eu somos um.

A paz infinita rodeia minha vida e permeia todos os momentos de minha existência. Paz para mim; paz para minha família; paz para meu país; paz para meu mundo; paz para meu cosmos.

Boa vontade para todas as nações e para todos os seres, pois todos são meus irmãos e Deus é nosso Pai em comum. Vivemos nos Estados Unidos do Mundo, com Deus e a Verdade como líderes.

Pai Celestial, que Teu reino de paz venha à Terra como já está nos céus, para que todos fiquemos livres das desarmonias que dividem e nos tornemos cidadãos perfeitos, em corpo, mente e alma, do Teu mundo.

Medite até perceber a resposta divina...

Você deve continuar a se concentrar no centro da Consciência Crística, entre as sobrancelhas, orando profundamente a Deus e a Seus grandes santos. Na linguagem de seu coração, invoque a presença e as bênçãos deles. Uma boa prática é selecionar uma afirmação ou uma oração (...) e espiritualizá-la com seu próprio anseio devocional. Silenciosamente, mantendo a atenção no ponto entre as sobrancelhas, cante e ore a Deus até sentir a Sua resposta na forma de tranquilidade, paz profunda e alegria interior.

❖ ❖ ❖

Quando sua meditação começar a ser profunda pela consistência na prática, talvez você veja uma pequena luz, ouça os sons astrais ou tenha a visão de um santo. Num primeiro momento, você talvez descarte isso como alucinação; mas à medida que continuar com sinceridade e devoção, aplicando a lei, verá que coisas maravilhosas começam a acontecer misteriosamente em sua vida. (...)

Deus responde a você; Ele o sustentará e guiará em tudo – na seleção de amigos, de parceiros nos negócios ou na tomada diária de decisões – quando você estiver em sintonia com Ele.

Capítulo 4

Colocando-se acima do sofrimento

Tenho mantido contínua controvérsia com meu Pai Celestial quanto ao porquê de a dor ser usada como prova para trazer de volta a Ele seres humanos feitos à Sua imagem. Digo-Lhe que na dor existe compulsão; persuasão e amor são meios mais eficazes de conduzir os seres humanos de volta ao céu. Embora eu saiba a resposta, sempre reclamei com Deus sobre esses pontos, pois Ele me compreende assim como um pai compreende seu filho.

❖ ❖ ❖

Como este mundo é trágico! É um lugar de incertezas. Mas não importa o que lhe tenha acontecido, se você se lançar aos pés do Pai e buscar Sua misericórdia, Ele o erguerá e lhe mostrará que a vida nada mais é que um sonho.[1]

❖ ❖ ❖

Vou contar uma pequena história. Um rei adormeceu e sonhou que era pobre. No sonho, chorava por algum dinheiro para comprar um pouco de comida. Finalmente, a rainha o despertou e perguntou-lhe:
– O que há com você? Seus cofres estão cheios de ouro e mesmo assim você está chorando por algum dinheiro?

1. Ver *maya* no glossário.

E o rei respondeu:

– Oh, que tolice a minha! Pensei que fosse um mendigo, morrendo de fome por falta de uma reles moedinha.

Essa é a ilusão de toda alma que sonha ser mortal, sujeita aos pesadelos de toda sorte de doenças, sofrimentos, dificuldades e decepções. A única maneira de escapar desse pesadelo é apegar-se mais a Deus e menos às imagens oníricas deste mundo.

❖ ❖ ❖

Não existe crueldade nos planos de Deus, porque não há bem nem mal a Seus olhos – apenas imagens feitas de luz e sombras. A intenção de Deus era que assistíssemos às cenas dualísticas da vida como Ele, o sempre alegre Espectador do estupendo drama cósmico.

O homem identificou-se falsamente com a pseudoalma, ou ego. Quando transfere seu senso de identidade para seu verdadeiro ser, a alma imortal, descobre que toda a dor é irreal. Ele não consegue mais sequer imaginar o estado de sofrimento.

❖ ❖ ❖

Deus é a substância de que é feita a superconsciência do homem, que é imune à dor. Todos os sofrimentos físicos e mentais decorrem da identificação, da imaginação e de hábitos equivocados de pensar.

❖ ❖ ❖

Adquira maior força mental. Desenvolva um poder mental tão grande que você possa permanecer inabalável, aconteça o que acontecer, enfrentando bravamente qualquer coisa na vida. Se você ama a Deus, deve ter fé e estar preparado para suportar as provações, quando vierem. Não tenha medo de sofrer. Mantenha a sua mente forte e positiva. O mais importante é a sua experiência interior.

❖ ❖ ❖

Pela imaginação você amplia o sofrimento. Preocupações ou autopiedade não diminuirão seu sofrimento; ao contrário, vão aumentá-lo. Por exemplo, alguém lhe faz algo errado; você fica remoendo isso e seus amigos ficam falando sobre o assunto e lhe dando apoio. Quanto mais você pensa nesse assunto, mais você aumenta a chaga... e o seu sofrimento.

❖ ❖ ❖

Algumas pessoas ficam sempre relembrando todo o sofrimento por que passaram e quão terrível foi a dor de uma operação ocorrida há vinte anos! Revivem e tornam a reviver a percepção dessa doença. Por que repetir tais experiências?

❖ ❖ ❖

A melhor maneira de dissociar-se de seu mal-estar é permanecer mentalmente desapegado, como se você fosse um mero espectador, ao mesmo tempo em que procura um remédio.[2]

❖ ❖ ❖

2. Pessoas com problemas de saúde sérios ou persistentes – com dor ou outros sintomas – devem seguir a orientação de um médico.

O fato é que, se aprender a viver em seu corpo sem imaginar que ele é você, não sofrerá tanto. A sua conexão com a dor física é apenas mental. Quando você dorme e fica inconsciente do corpo, não sente dor alguma. Do mesmo modo, quando um médico ou um dentista lhe dá anestesia e opera seu corpo, você não sente nenhuma dor. A mente foi desconectada da sensação.

❖ ❖ ❖

Cuide do corpo, mas eleve-se acima dele. Saiba que você é diferente da sua forma mortal. Erija uma grande barreira mental entre sua mente e seu corpo. Afirme: "Sou diferente do corpo. Nem calor, nem frio, nem doença podem me atingir. Sou livre." Suas limitações se tornarão cada vez menores.

❖ ❖ ❖

A melhor anestesia contra a dor é o poder mental que você tem. A dor diminuirá se a sua mente se recusar a aceitá-la. Observei, nas vezes em que este corpo se machucou e sentiu dor aguda, que se ponho a mente no centro crístico[3] – quer dizer, se me identifico mais com Deus e menos com o corpo – não há dor alguma. Portanto quando vier a dor, concentre-se no centro crístico. Isole-se mentalmente da dor; desenvolva maior força mental. Seja firme interiormente. Quando estiver sentindo

---

3. A sede do olho único da consciência divina e da percepção espiritual, no ponto entre as sobrancelhas, do qual Jesus disse: "Se o teu olho for único, todo o teu corpo terá luz" (Mateus 6:22). Figuras de santos em comunhão divina frequentemente são mostradas com os olhos voltados para esse centro. Ver glossário.

dor, diga intimamente: "Não me faz mal". Quando o sofrimento vier, perceba-o como algo que precisa de cuidado, mas não sofra com isso. Quanto mais você se concentra no poder da mente, mais sua consciência do corpo se desvanece.

❖ ❖ ❖

"Dor e prazer são transitórios" [dizia Sri Yukteswar[4] a seus discípulos]. "Suportem com serenidade todas as dualidades, tentando ao mesmo tempo colocar-se fora do alcance da influência delas."

❖ ❖ ❖

Em meio a condições negativas, faça "oposição" pensando e agindo de modo construtivo e positivo. Pratique *titiksha*,[5] quer dizer, a atitude de não ceder às experiências desagradáveis, mas resistir a elas sem se deixar incomodar mentalmente. Quando vier a doença, observe as leis da higiene, sem permitir que a mente se perturbe. Mantenha a serenidade em tudo o que fizer.

❖ ❖ ❖

Quer esteja sofrendo nesta vida, quer esteja sorrindo na opulência e no poder, sua consciência deve permanecer inalterada. Se conseguir alcançar a equanimidade, nada poderá jamais feri-lo. A vida

---

4. Swami Sri Yukteswar (1855-1936) foi o guru (preceptor espiritual) de Paramahansa Yogananda. Sua vida está descrita no livro *Autobiografia de um Iogue*, de Paramahansa Yogananda. Ver glossário.
5. Em sânscrito, "capacidade de suportar com equanimidade mental".

de todos os grandes mestres mostra que eles alcançaram esse estado abençoado.

❖ ❖ ❖

A meditação é o caminho pelo qual você precisa se empenhar para elevar-se acima da ilusão e conhecer sua verdadeira natureza. Se conseguir manter esse estado de consciência tanto nas atividades quanto na meditação, permanecendo imperturbado pelas experiências ilusórias, então estará acima deste mundo onírico de Deus. Para você, o sonho estará terminado. É por isso que o Senhor Krishna[6] enfatizou que, se quiser a liberdade no Espírito, você precisa ser equânime em todas as circunstâncias. "Aquele a quem esses (contatos dos sentidos com seus objetos) não podem agitar, que é tranquilo e equânime na dor e no prazer, somente ele está apto para alcançar a perenidade!"[7]

❖ ❖ ❖

Quando os tigres das preocupações, das doenças e da morte o perseguem, seu único refúgio é o templo interno do silêncio. O homem de profunda espiritualidade vive dia e noite num tranquilo silêncio interior, no qual nem as preocupações ameaçadoras, nem mesmo o choque de mundos em colisão são capazes de penetrar.

❖ ❖ ❖

6. Um avatar (encarnação divina) que viveu na antiga Índia séculos antes da era cristã. O discurso do Senhor Krishna para seu discípulo Arjuna, no campo de batalha de Kurukshetra, constitui a imortal escritura chamada *Bhagavad Gita*. Ver *Bhagavan Krishna* e *Bhagavad Gita* no glossário.
7. *Bhagavad Gita* II:15.

Nenhuma sensação ou tortura mental poderá afetá-lo se a sua mente dela se dissociar e ficar ancorada na paz e na alegria de Deus.

O poder curativo de Deus

Há dois modos pelos quais nossas necessidades podem ser atendidas. Um é o modo material. Por exemplo, quando estamos doentes podemos ir a um médico em busca de tratamento. Mas chega uma hora em que nenhum auxílio humano surte efeito. Aí buscamos a alternativa, o Poder Espiritual, Aquele que fez nosso corpo, mente e alma. O poder material é limitado e, quando falha, recorremos ao ilimitado Poder Divino. Analogamente, no que se refere às nossas necessidades financeiras, quando já fizemos o melhor possível e ainda assim não foi suficiente, voltamo-nos para esse outro Poder.

❖ ❖ ❖

Conhecer Deus é a maneira mais importante de curar todas as doenças – físicas, mentais e espirituais. Assim como as trevas não podem permanecer onde existe luz, também as trevas das doenças são expulsas pela luz da perfeita presença de Deus ao penetrar no corpo.

❖ ❖ ❖

O ilimitado poder de Deus trabalha implicitamente em todos os métodos de cura, sejam eles físicos, mentais ou vitais.⁸ Esse fato jamais deve ser esquecido, pois se o paciente depende do método e não de Deus, ele automaticamente dificulta e limita o livre fluxo do poder curativo.

❖ ❖ ❖

Seu dever é levar as necessidades à atenção de Deus e desempenhar seu papel em ajudá-Lo a fazer com que esse desejo se realize. Por exemplo: no caso de doenças crônicas, faça o máximo para ajudar a promover a cura, mas tenha consciência, em sua mente, de que em última análise o auxílio só pode vir de Deus.

❖ ❖ ❖

Uma fonte ilimitada de proteção para o homem reside em pensar firmemente que, como filho de Deus, ele não pode ser afetado pela doença.

❖ ❖ ❖

Faça o máximo para eliminar as causas da doença, e então fique absolutamente sem temor. Existem tantos germes em toda parte que se você começar a ter medo deles será completamente incapaz de gozar a vida. (...) Seja destemido.

❖ ❖ ❖

Sorria sempre por dentro, pulsando com profunda alegria, sempre pronto para agir e com a ambição espiritual de ajudar os outros. Tais atitudes

8. Cura "vital" se refere ao emprego da energia cósmica – a energia inteligente, mais sutil do que a atômica – que constitui o princípio vital universal por meio do qual Deus mantém toda a criação. Ver *prana* no glossário.

não são apenas bons exercícios para a mente; elas também conservam o corpo constantemente abastecido de renovada energia cósmica.

❖ ❖ ❖

Aquele que encontra alegria dentro de si mesmo constata que seu corpo está carregado de correntes elétricas, energia vital proveniente não dos alimentos, mas de Deus. Se você sente que não pode sorrir, fique diante de um espelho e, com os dedos, arme um sorriso em sua boca. Isso é realmente importante! (...)

Quando uma pessoa está alegre interiormente, ela atrai o auxílio do inexaurível poder de Deus. Quero dizer, uma alegria sincera, não a que você exiba exteriormente sem senti-la interiormente. Quando sua alegria for sincera, você será um milionário de sorrisos. Um sorriso genuíno distribui a energia cósmica, *prana*, a todas as células do corpo. O homem feliz é menos sujeito a doenças, pois a felicidade de fato atrai para o corpo um maior suprimento da universal energia vital.

❖ ❖ ❖

No cofre da mente estão todos os grilhões da escravidão bem como as chaves da liberdade.

❖ ❖ ❖

O poder da mente traz consigo a infalível energia de Deus. Este é o poder que você quer no seu corpo. E existe um modo de trazer esse poder ao corpo: a comunhão com Deus mediante a meditação. Quando sua comunhão com Ele for perfeita, a cura será permanente.

O poder das afirmações e da oração

É possível que, no passado, você tenha se desapontado pelo fato de suas orações não terem sido atendidas. Mas não perca a fé. (...) Deus não é um Ser mudo e insensível. Ele é o próprio amor. Se você souber meditar e entrar em contato com Ele, Deus atenderá a suas amorosas exigências.

❖ ❖ ❖

Saber exatamente como e quando orar, de acordo com a natureza de nossas necessidades, é o que traz os resultados desejados. Quando o método correto é aplicado, ele faz entrar em ação as leis apropriadas de Deus. Sendo operadas cientificamente, essas leis produzem resultados.

❖ ❖ ❖

A primeira regra da oração é dirigir-se a Deus apenas com desejos legítimos. A segunda é pedir sua realização não como mendigo, mas como filho: "Eu sou Teu filho. Tu és meu Pai. Tu e eu somos um." Quando você orar com profundidade e constância, sentirá uma grande alegria brotando em seu coração. Não se satisfaça até que essa alegria se manifeste, pois quando sentir em seu coração essa alegria que satisfaz plenamente, você saberá que Deus "ligou o rádio no programa da sua oração". Então ore a seu Pai: "Senhor, é disso que preciso. Estou disposto a trabalhar para consegui-lo. Por favor, guia-me e ajuda-me a ter os pensamentos certos e a fazer as coisas certas para ter êxito. Usarei meu raciocínio e trabalharei com determinação, mas guia Tu minha razão, vontade e atividade para a coisa certa que eu devo fazer."

❖ ❖ ❖

Você deveria orar a Deus com intimidade, como Seu filho, o que você é. Deus não faz objeção quando você reza com o seu ego, como se fosse um estranho e um mendigo, mas você descobrirá que seus esforços ficam limitados por esse nível de consciência. Deus não quer que você renuncie ao seu próprio poder da vontade, direito divino que, como Seu filho, você herdou.

❖ ❖ ❖

Uma exigência incessante[9] de qualquer coisa, mentalmente sussurrada com incansável empenho e inabalável coragem e fé, transforma-se numa força dinâmica que de tal modo influencia todo o comportamento dos poderes consciente, subconsciente e superconsciente do homem que o objeto desejado é obtido. A emissão interior de sussurros mentais precisa ser incessante, sem ser desencorajada pelos revezes. Então o objeto do desejo se materializará.

---

9. Paramahansa Yogananda ensinou: "Preces frequentemente implicam uma consciência de mendicância. Somos filhos de Deus, não mendigos, e somos portanto merecedores de nossa herança divina. Quando estabelecemos um vínculo de amor entre nossas almas e Deus, temos o direito de exigir afetuosamente o atendimento de nossas preces legítimas." Esse princípio de exigir de Deus nossa herança divina é o vitalizante poder contido nas afirmações.

A técnica de afirmação

As potencialidades infinitas do som derivam do Verbo Criador, *Om*,[10] o poder cósmico vibratório por trás de toda energia atômica. Qualquer palavra proferida com clara compreensão e concentração profunda tem valor materializante.

❖ ❖ ❖

Palavras saturadas de sinceridade, convicção, intuição e fé são como bombas vibratórias, altamente explosivas, que, quando acionadas, fragmentam as rochas das dificuldades e criam a desejada mudança.

❖ ❖ ❖

O hábito mental de doença ou saúde exerce uma forte influência. As doenças pertinazes, físicas ou mentais, têm sempre raízes profundas no subconsciente. A enfermidade pode ser curada arrancando-se suas raízes ocultas. É por isso que todas as afirmações da mente consciente devem ser suficientemente *intensas* para permear o subconsciente, que por sua vez influencia automaticamente a mente consciente. Desse modo, fortes afirmações conscientes reagem sobre a mente e sobre o corpo, agindo por meio do subconsciente. Afirmações ainda mais fortes atingem não apenas o subconsciente, mas também a mente superconsciente – o depósito mágico de poderes milagrosos.

❖ ❖ ❖

---

10. O poderoso Amém ou "Verbo de Deus". Ver *Om* no glossário.

Repetições inteligentes, pacientes e atentas fazem maravilhas. Afirmações para a cura de distúrbios crônicos, físicos ou mentais, devem ser repetidas com frequência,[11] profunda e ininterruptamente (ignorando-se por completo as condições contrárias ou inalteradas, se houver), até que se tornem parte das profundas convicções intuitivas da pessoa.

Escolha a sua afirmação e repita toda ela, primeiro em voz alta, depois suavemente e mais devagar, até que a sua voz se torne um murmúrio. Em seguida, gradualmente, vá afirmando apenas mentalmente, sem mover a língua ou os lábios, até que você sinta ter atingido uma profunda e ininterrupta concentração – não inconsciência, mas uma continuidade profunda de pensamento ininterrupto.

Se você continuar com sua afirmação mental e for ainda mais fundo, sentirá uma crescente sensação de alegria e paz. Durante o estado de concentração profunda, sua afirmação se mesclará com a corrente subconsciente, para voltar mais tarde reforçada com o poder de influenciar a mente consciente mediante a lei do hábito.

Durante o tempo em que você experimenta uma paz cada vez maior, sua afirmação se aprofunda no domínio superconsciente, para depois retornar carregada com o poder ilimitado de influenciar

---

11. Afirmações com finalidades específicas são dadas no fim de cada capítulo deste livro. Nos livros *Afirmações Científicas de Cura*, *Meditações Metafísicas* e nas *Lições da Self-Realization Fellowship*, Paramahansa Yogananda oferece centenas de outras afirmações para a cura, autodesenvolvimento e aprofundamento da percepção de Deus.

sua mente consciente e também de satisfazer seus desejos. Não duvide, e você testemunhará o milagre dessa fé científica.

❖ ❖ ❖

Repetições cegas de pedidos ou afirmações, sem concomitante devoção ou amor espontâneo, tornam a pessoa uma simples "vitrola rezadora", que não sabe o significado de suas preces. Vocalizar preces mecanicamente, enquanto interiormente se pensa em outra coisa, não provoca a resposta de Deus. Uma repetição cega, tomando o nome de Deus em vão, é infrutífera. Repetir um pedido ou oração reiteradamente, em voz alta ou mentalmente e com atenção e devoção cada vez mais profundas, espiritualiza a oração e transforma essa repetição convicta e consciente em experiência superconsciente.

❖ ❖ ❖

Medite no significado do pedido que você escolheu até que ele se torne parte de você. Sature o pedido com devoção ao meditar nele. À medida que sua meditação se aprofunda, aumente a devoção e ofereça mentalmente o pedido como um arroubo do seu próprio coração. Torne-se imbuído da convicção de que o anseio de seu coração, expresso por esse pedido particular, está sendo sentido por Deus.

Sinta que por trás da tela de seu pedido devocional Deus escuta as palavras silenciosas de sua alma. Sinta isso! Seja uno com o pedido do seu coração e fique completamente convencido de que Ele escutou você. Depois, cuide de seus deveres sem procurar saber se Deus atenderá seu pedido. Acredite, de maneira absoluta, que seu pedido foi ouvido e que você saberá que o que é de Deus é também seu. Medite em Deus incessantemente e, quando O sentir, adquirirá sua herança como Seu filho divino.

❖ ❖ ❖

"O Senhor responde a todos e trabalha para todos" [disse Sri Yukteswar]. "Raramente os homens compreendem com que frequência Deus presta atenção às suas orações. Ele não é parcial em relação a uns poucos, mas ouve a todos que Dele se aproximam cheios de confiança. Os filhos Dele deveriam sempre ter uma fé implícita na amorosa bondade do Pai Onipresente."

❖ ❖ ❖

A fé tem que ser cultivada, ou melhor, descoberta dentro de nós mesmos. Ela está aí, mas precisa ser exteriorizada. Se você observar sua vida, verá que Deus atua de inúmeras maneiras através dela; sua fé será assim fortalecida. Poucas pessoas procuram descobrir a mão oculta do Senhor. A maior parte delas considera o curso dos acontecimentos natural e inevitável. Mal sabem que mudanças radicais são possíveis por meio da oração!

Cultivando a fé em Deus

A fé em Deus, absoluta e inquestionável, é o melhor método de cura instantânea. Um esforço incessante para despertar essa fé é o supremo e mais gratificante dever do ser humano.

❖ ❖ ❖

Crer em Deus e ter fé em Deus são coisas diferentes. Uma crença é desprovida de qualquer valor se você não a puser à prova nem viver segundo ela. A crença convertida em experiência se torna fé.

❖ ❖ ❖

Talvez você queira crer. Talvez mesmo você pense que crê. Mas se você crer realmente, o resultado será instantâneo.

❖ ❖ ❖

A fé não pode ser desmentida: ela é uma convicção intuitiva da verdade e não pode ser abalada nem mesmo por evidências contrárias. (...) Você não tem a compreensão do modo maravilhoso como age esse grande poder. Ele funciona como matemática. Não há "se" no que diz respeito a ele. Isso é o que a Bíblia quer dizer quando fala em fé: é a prova das coisas que não se veem.[12]

❖ ❖ ❖

Acredite sempre, sem duvidar, que o poder de Deus está operando em você por trás dos seus pensamentos, preces e convicções, para dar força infinita. (...) Reconheça a ação Dele dentro de si, em todas as coisas, e sempre O terá com você.

❖ ❖ ❖

O Poder Supremo pode ser invocado por meio da fé contínua e da oração incessante. Você deve

---

12. "Ora, a fé é o firme fundamento das coisas que se esperam, e a prova das coisas que se não veem" (Hebreus 11:1).

comer corretamente e fazer o que mais seja necessário ao corpo, mas reze ininterruptamente a Ele: "Senhor, Tu podes me curar porque tens o controle dos átomos da vida e das sutis condições do corpo que os médicos não conseguem alcançar com os remédios".

❖ ❖ ❖

Num tom de voz retumbante de alegria [Lahiri Mahasaya[13] disse]: "Saiba sempre que o onipotente *Paramatman*[14] pode curar qualquer um, com médicos ou sem eles".

❖ ❖ ❖

Este é o mundo de Deus. Ele o leva daqui. Ele o mantém aqui. Quando o médico diz: "Pois bem, vou curá-lo", e Deus decide levá-lo, você partirá. Portanto, viva sua vida para Ele.

❖ ❖ ❖

Quem adoece deve procurar livrar-se da doença por todos os meios. Mesmo que os médicos declarem que não há esperança, ele deve permanecer tranquilo, pois o medo lhe fecha os olhos da fé para a Presença Divina, onipotente e compassiva. Em vez de se entregar à ansiedade, deve afirmar: "Estou sempre seguro na fortaleza de Teus amorosos cuidados". Um devoto sem temor, sucumbindo a uma doença incurável, concentra-se no Senhor e fica pronto para libertar-se de sua prisão corpórea e para um esplêndido pós-vida no mundo astral. Isso faz com que fique mais próximo da meta – a

---

13. O guru do guru de Paramahansa Yogananda. Ver glossário.
14. "Espírito Supremo", em sânscrito.

libertação suprema – na vida seguinte. (...) Todos devem compreender que a consciência da alma pode triunfar sobre quaisquer desastres externos.

❖ ❖ ❖

Mesmo a morte não é nada para os espiritualmente fortes. Certa vez sonhei que estava morrendo. E assim mesmo eu orava a Deus: "Senhor, está tudo bem, qualquer que seja a Tua vontade". Então Ele me tocou e compreendi a verdade: "Como posso morrer? A onda não pode morrer; ela mergulha no oceano e vem novamente. A onda nunca morre; e eu também não posso morrer."

❖ ❖ ❖

[Durante um período de grandes tribulações, Paramahansa Yogananda se retirou para o deserto a fim de ficar só e orar. Uma noite, quando meditava profundamente, ele recebeu esta bela resposta de Deus:]

"Dança da vida ou dança da morte,
Sabe que ambas vêm de Mim e regozija-te.
Que mais podes querer, se tens a Mim?"

❖ ❖ ❖

[A vida exemplar das almas santas é inexaurível fonte de inspiração e fortaleza para outras pessoas. A atitude correta em face do sofrimento encontrou expressão perfeita na vida de Sri Gyanamata[15]

---

15. Gyanamata significa "Mãe de Sabedoria". Seus conselhos sábios, carinhosos e encorajadores acham-se magnificamente expressos na coleção de suas cartas e relatos de passagens de sua vida no livro *God Alone*, publicado pela *Self-Realization Fellowship*.

(1869-1951), uma das mais adiantadas discípulas de Paramahansa Yogananda. Todos os que a conheceram sentiram-se elevados por seu heroísmo silencioso, sua força interior e seu amor a Deus, que jamais foram abalados, apesar do grande sofrimento físico que a afligiu durante os seus últimos vinte anos de vida. Por ocasião da cerimônia fúnebre oficiada por Paramahansa Yogananda, ele pronunciou as seguintes palavras:]

A vida da Irmã foi semelhante à de São Francisco, que sofria enquanto ajudava os outros. Por isso ela é uma grande inspiração. Durante todos esses anos de sofrimento, ela mostrou que seu amor a Deus era maior; e eu nunca percebi um sinal de sofrimento em seus olhos. É por isso que ela é uma grande santa – uma grande alma – e é por isso que ela está com Deus. (...)

Quando vi seu corpo no caixão, senti que a alma da Irmã comungava com o éter onipresente e ouvi a voz do Pai que me falava interiormente: "Vinte anos de sofrimento jamais lhe tiraram seu amor por Mim, e é isso que Eu aprecio em sua vida". E eu não pude dizer mais nada. Compreendi que o Pai Celestial tem o direito de testar, com a dor, o nosso amor a Ele, durante vinte anos ou mais, a fim de que possamos exigir em troca a nossa perdida, sempre-nova, eterna felicidade como Sua imagem.

Aí então, novamente sufocado pela emoção da presença de Deus, disse a mim mesmo: "Recuperar a eternidade da alegria sempre-nova por meio de vinte anos de resignação à dor é a maior realização, pela graça do Pai".

❖ ❖ ❖

Se você vive com o Senhor, será curado da ilusão da vida e da morte, da saúde e da doença. Esteja com o Senhor. Sinta o Seu amor. Nada tema. Somente no castelo de Deus podemos encontrar proteção. Não existe paraíso de alegria mais seguro do que estar em Sua presença. Quando você está com Ele, nada pode atingi-lo.

Afirmações de Cura

A perfeita saúde de Deus permeia os sombrios recantos da minha doença física. Em todas as minhas células brilha a Sua luz curativa. Elas estão perfeitamente bem, pois a Sua perfeição está nelas.

❖ ❖ ❖

O poder curativo do Espírito está fluindo através de todas as células do meu corpo. Sou feito da única substância universal: a substância de Deus.

❖ ❖ ❖

Tua luz perfeita é onipresente em todas as partes do meu corpo. Onde quer que essa luz curativa se manifeste, existe perfeição. Estou bem, pois a perfeição está em mim.

❖ ❖ ❖

Estou encastelado na presença de Deus. Nenhum mal pode me atingir, pois em qualquer situação da vida – física, mental, financeira e espiritual – estou protegido na fortaleza da presença divina.

Capítulo 5

Segurança num mundo incerto

Os cataclismos que subitamente ocorrem na natureza, provocando destruição e danos em massa, não são "obras de Deus". Essas catástrofes resultam dos pensamentos e das ações do homem. Onde quer que o equilíbrio vibratório do mundo entre o bem e o mal seja perturbado por um acúmulo de vibrações nocivas, resultantes de pensamentos e ações errôneas do homem, veremos devastações. (...)[1]

As guerras ocorrem não por uma ação divina fatal, mas pela disseminação do egoísmo material. Elimine-se o egoísmo – individual, industrial, político e nacional – e não haverá mais guerras.

❖ ❖ ❖

As caóticas condições modernas existentes no mundo resultam do padrão de vida afastado dos ideais divinos. Indivíduos e nações podem ser protegidos contra a destruição total se viverem segundo os ideais celestiais de fraternidade, cooperação industrial e intercâmbio internacional de experiências e bens materiais.

❖ ❖ ❖

Acredito que virá uma época em que, por uma compreensão superior, não teremos mais fronteiras. Chamaremos a Terra de nossa pátria. E, graças

1. Ver nota de rodapé na página 20.

a meios jurídicos e à integração internacional, distribuiremos altruisticamente os bens do mundo segundo as necessidades das pessoas. A igualdade, porém, não pode ser implantada à força; ela precisa vir do coração. (...) Precisamos começar agora, conosco. Deveríamos tentar ser como os entes divinos que vêm e tornam a vir à Terra para nos mostrar o caminho. Amando-nos uns aos outros e mantendo claro o nosso entendimento, tal como eles exemplificaram e ensinaram, a paz chegará.

❖ ❖ ❖

Você pode pensar que não há esperança de conquistar o ódio e inspirar a humanidade a seguir os caminhos crísticos do amor, mas jamais a necessidade foi tão grande quanto agora. Ideologias ateias estão lutando para expulsar a religião. O mundo está marchando rumo a um grande drama existencial. Tentando aplacar as violentas tempestades, parecemos nada mais do que minúsculas formigas nadando no oceano. Mas não subestime o poder que você tem.

❖ ❖ ❖

A única coisa que ajudará a eliminar o sofrimento do mundo – mais do que dinheiro, casas ou qualquer auxílio material – é meditar e transmitir aos outros a sublime consciência de Deus que sentimos. Mil ditadores não poderiam jamais destruir o que tenho dentro de mim. Irradie diariamente a consciência Dele para os outros. Procure compreender os planos de Deus para a humanidade – atrair todas as almas de volta a Ele – e trabalhe em harmonia com a vontade Dele.

❖ ❖ ❖

Deus é Amor. Seu plano para a criação só pode estar enraizado no amor. Não oferece esse simples pensamento mais consolo ao coração humano do que os raciocínios eruditos? Cada santo que penetrou no âmago da Realidade deu o testemunho de que existe um plano universal divino e que ele é belo e pleno de alegria.

❖ ❖ ❖

Assim que aprendermos a amar a Deus na meditação, amaremos toda a humanidade como amamos nossa família. Aqueles que encontraram Deus por meio da própria Autorrealização – os que tiveram realmente a experiência de Deus – só eles *podem* amar a humanidade; não de forma impessoal, mas como seus irmãos de sangue, filhos do mesmo e único Pai.

❖ ❖ ❖

Compreenda que o mesmo sangue vital circula nas veias de todas as raças. Como pode alguém se atrever a odiar qualquer outro ser humano, de qualquer raça que seja, quando Deus vive e respira em todos? Somos americanos, hindus ou de qualquer outra nacionalidade por apenas alguns anos, mas somos filhos de Deus para sempre. A alma não pode ser confinada em fronteiras criadas pelo homem. Sua nacionalidade é o Espírito; seu país é a Onipresença.

❖ ❖ ❖

Se entrar em contato com Deus dentro de si mesmo, saberá que Ele está em todos, que Ele se tornou os filhos de todas as raças. Então você não pode ser inimigo de ninguém. Se o mundo inteiro fosse capaz de amar com esse amor universal, não haveria necessidade de os homens se armarem uns contra os outros. Por nosso próprio exemplo crístico devemos promover a unidade entre todas as religiões, todas as nações, todas as raças.

❖ ❖ ❖

A solidariedade ampla e o discernimento intuitivo necessários para curar os males terrestres não podem resultar de mera consideração intelectual da diversidade humana, mas sim do conhecimento da unidade profunda dos homens: seu parentesco com Deus. Para atingir o supremo ideal do mundo – paz por meio da fraternidade –, possa a *yoga*, a ciência da comunhão pessoal com a Divindade, espalhar-se com o tempo entre todos os homens em todas as terras.

❖ ❖ ❖

A sombria marcha dos acontecimentos políticos no mundo aponta para a verdade inexorável de que, sem visão espiritual, os povos perecem. A ciência, se a religião não o fez, despertou na humanidade uma inquietante sensação da insegurança e até mesmo da insubstancialidade de todas as coisas materiais. Para onde realmente pode o homem ir agora, senão para a sua Fonte e Origem, o Espírito que nele habita?

❖ ❖ ❖

A Era Atômica verá a mente dos seres humanos tornar-se mais sensata e mais aberta pela verdade

– agora cientificamente inegável – de que a matéria é, em realidade, uma concentração de energia. A mente humana pode e precisa liberar dentro de si mesma energias maiores do que as contidas nas pedras e nos metais, de modo que o gigante atômico material, recentemente solto, não se volte contra o mundo em insana destruição. Um benefício indireto da preocupação da humanidade com as bombas atômicas pode ser um maior interesse prático pela ciência da *Yoga*, um verdadeiro "abrigo à prova de bombas".

❖ ❖ ❖

Neste mundo sempre haverá tumultos e dificuldades. Por que se preocupar? Dirija-se ao abrigo de Deus, para onde os Mestres têm ido e de onde estão observando e auxiliando o mundo. Você terá segurança para sempre, não apenas para você, mas também para todos os entes queridos que foram confiados aos seus cuidados por nosso Senhor e Pai.

❖ ❖ ❖

Felicidade verdadeira, felicidade duradoura, só existe em Deus, "Aquele a quem, quando se tem, nada que se venha a obter é maior".[2] Nele está a única segurança, o único abrigo, a única salvação para todos os nossos temores. Você não tem nenhuma outra segurança no mundo, nenhuma outra liberdade. A única liberdade verdadeira está em Deus. Portanto, esforce-se seriamente para estabelecer contato com Ele na meditação, pela manhã e à noite, e também ao longo do dia em todo trabalho

2. Parafraseando o *Bhagavad Gita* VI:22.

e tarefa que executar. A *Yoga* ensina que onde Deus está não há temor nem tristeza. O iogue[3] realizado pode conservar-se inabalável em meio ao estrondo de mundos em colisão. Ele está seguro na compreensão de que: "Senhor, onde eu estou, ali Tu tens de vir".

❖ ❖ ❖

Não se apegue aos passageiros sonhos da vida. Viva para Deus, e só para Deus. Essa é a única maneira de ter liberdade e segurança neste mundo. Fora de Deus não há segurança; não importa aonde você vá, a ilusão pode atacá-lo. Seja livre agora mesmo. Seja um filho de Deus agora. Compreenda que você é filho Dele, para que possa livrar-se desse sonho da ilusão para sempre.[4] Medite profunda e fielmente, e um dia despertará em êxtase com Deus, e verá como é tolo o fato de as pessoas pensarem que estão sofrendo. Você, eu e eles somos todos puro Espírito.

❖ ❖ ❖

Não tenha medo do sonho assustador deste mundo. Desperte na luz imortal de Deus! Houve um tempo em que a vida, para mim, era como assistir, impotente, a um filme terrível, e eu dava demasiada importância às tragédias ali encenadas. Então, um dia enquanto eu meditava, uma grande luz apareceu em meu quarto e a voz de Deus me disse: "O que estás sonhando? Contempla Minha luz eterna, na qual os incontáveis pesadelos do

3. Ver glossário.
4. Ver *maya* no glossário.

mundo vêm e vão. Eles não são reais". Que enorme consolo isso representou para mim! Por mais horrível que seja, um pesadelo é só um pesadelo. Um filme, agradável ou perturbador, é apenas um filme. Não devemos manter a mente tão absorta nos tristes e aterrorizantes dramas desta vida. Não é mais sábio manter nossa atenção naquele Poder que é indestrutível e imutável? Por que se preocupar com as desagradáveis surpresas do enredo deste filme do mundo? Estamos aqui apenas por pouco tempo. Aprenda a lição do drama da vida e encontre sua liberdade.

❖ ❖ ❖

Sob as sombras desta vida se encontra a Luz maravilhosa de Deus. O universo é um imenso templo de Sua presença. Quando meditar, você vai encontrar portas se abrindo para Ele em toda parte. Quando você está em comunhão com Ele, nem mesmo as maiores devastações do mundo podem roubar-lhe essa Alegria e essa Paz.

Afirmação

Na vida e na morte, na doença, na fome, nas epidemias ou na pobreza, que eu sempre me agarre a Ti. Ajuda-me a compreender que sou Espírito imortal, intangido pelas transformações da infância, da juventude, da velhice e das desordens terrenas.

Capítulo 6

Sabedoria para resolver problemas e tomar decisões na vida

O mundo continuará tal como é, com seus altos e baixos. Onde haveremos de buscar orientação? Não será nos preconceitos criados dentro de nós pelos hábitos e influências ambientais de nossa família, do nosso país ou do mundo; mas sim na voz da Verdade que nos guia interiormente.

❖ ❖ ❖

A Verdade não é uma teoria, nem um sistema especulativo de filosofia, nem um descortino intelectual. A Verdade é a correspondência exata com a Realidade. Para o homem, a verdade é o inabalável conhecimento da sua verdadeira natureza, do seu Eu como alma.

❖ ❖ ❖

No viver cotidiano, a verdade é uma consciência guiada pela sabedoria espiritual que nos impele a fazer determinadas coisas, não porque alguém acha que deva ser assim, mas porque são certas.

❖ ❖ ❖

Quando você está em contato direto com o Criador do universo, está em contato direto com toda a sabedoria e entendimento.

❖ ❖ ❖

Não é uma injeção desde o exterior que produz sabedoria; o poder e a extensão de sua receptividade interna é que determinam o quanto você pode assimilar do verdadeiro conhecimento, e quão rapidamente.

❖ ❖ ❖

Quando surge um problema, em vez de ficar o tempo todo remoendo-o, procure encontrar as alternativas possíveis para se livrar dele. Se você for incapaz de pensar, compare suas dificuldades com as dificuldades semelhantes de outras pessoas e, aproveitando a experiência delas, aprenda quais caminhos levam ao êxito e quais levam ao fracasso. Escolha os passos que parecem lógicos e práticos, e então ponha mãos à obra para implementá-los. Toda a biblioteca do universo está oculta em você. Todas as coisas que você quer saber estão dentro de você. Para fazer aflorar esse conhecimento, pense de modo criativo.

❖ ❖ ❖

Talvez você esteja seriamente preocupado com um filho, ou com a saúde, ou com o pagamento de uma hipoteca. Não achando uma solução imediata, começa a se afligir com a situação. E o que ganha com isso? Dor de cabeça, nervosismo, problemas cardíacos. Você não sabe como controlar os sentimentos ou a condição com que se confronta porque não analisa com clareza nem a si próprio, nem aos seus problemas. Em vez de perder tempo preocupando-se, pense positivamente em como eliminar as causas do problema. Se você quer se livrar de uma dificuldade, analise-a calmamente, identificando todos os pontos positivos e negativos da situação; então determine os passos que podem ser melhores para alcançar seu objetivo.

❖ ❖ ❖

Sempre existe um modo de resolver o problema, e se parar para pensar com clareza em como livrar-se da causa de sua ansiedade em vez de apenas se preocupar com ela, você se tornará um mestre [da situação].

❖ ❖ ❖

Todos os homens e mulheres bem-sucedidos dedicam bastante tempo à concentração profunda. Eles são capazes de mergulhar fundo em sua mente e achar as pérolas das soluções corretas para os problemas que enfrentam. Se aprender a retirar sua atenção dos objetos de distração e colocá-la num único objeto de concentração,[1] você também saberá como atrair à vontade o que quer que necessite.

Desenvolvendo o discernimento para julgar

Quando a mente está tranquila, como é rápido, fácil e belo o modo como se percebe tudo!

❖ ❖ ❖

Uma pessoa calma reflete quietude nos olhos, aguda inteligência no rosto e receptividade apropriada na mente. É pessoa de ação pronta e decisiva, mas não é levada por impulsos e desejos que subitamente lhe ocorram.

---

1. Referindo-se às técnicas científicas iogues de concentração ensinadas nas *Lições da Self-Realization Fellowship*.

❖ ❖ ❖

Sempre pense, primeiro, no que vai fazer e como isso o afetará. Agir por impulso não é liberdade, pois você ficará amarrado aos efeitos nefastos das más ações. No entanto, ser capaz de fazer coisas que o seu discernimento lhe diz serem boas para você, isso sim é ter liberdade plena. Essa espécie de ação guiada pela sabedoria contribui para uma existência divina.

❖ ❖ ❖

O homem não deve ser um autômato psicológico, como o animal, que age somente pelo instinto. Não pensar é um grande pecado contra o Espírito que habita em você. Fomos feitos para ser conscientes do que fazemos. Devemos refletir antes de agir. Devemos aprender a usar a mente para que possamos evoluir e realizar a nossa unidade com o Criador. Tudo o que fazemos deveria ser o resultado de um pensamento premeditado.

❖ ❖ ❖

Uma estudante cometera um erro grave. E se lamentava:

– Sempre cultivei bons hábitos. Parece incrível que essa desgraça me tenha acontecido.

– Seu erro foi confiar demais nos bons hábitos e negligenciar o permanente exercício do juízo correto – disse-lhe Paramahansa Yogananda. – Seus bons hábitos ajudam em circunstâncias comuns e conhecidas, mas podem não ser suficientes para guiá-la quando surge um problema novo. Aí, então, o discernimento é necessário. Pela meditação profunda você aprenderá a escolher o caminho certo, sempre, mesmo quando se confrontar com circunstâncias extraordinárias.

– O homem não é um autômato, portanto nem sempre pode viver de maneira sábia simplesmente guiando-se por regras fixas e preceitos morais rígidos. Na grande variedade de problemas e acontecimentos diários encontramos campo para desenvolver um bom julgamento.

❖ ❖ ❖

A inquietude – que agita e distrai a mente – tolda a visão e causa mal-entendidos. A emoção tolda sua visão. As variações do humor toldam sua visão. A maioria das pessoas age não em função do entendimento, mas segundo seus estados de ânimo.

❖ ❖ ❖

O entendimento é a visão de seu ser interior, a contemplação de sua alma, o telescópio de seu coração. A compreensão é um equilíbrio entre inteligência calma e pureza de coração. (...) A emoção é um sentimento distorcido que o levará a fazer coisas erradas. O entendimento guiado apenas pelo intelecto se torna frio, e também o levará a agir mal. (...) Você precisa ter um entendimento equilibrado. Se o seu entendimento for governado tanto pelo coração quanto pela cabeça, aí você terá uma visão clara para enxergar a si mesmo e aos outros.

❖ ❖ ❖

Você deve analisar os inúmeros preconceitos a que seu entendimento está sujeito. Sempre que estiver tomando uma decisão ou agindo, pergunte a si mesmo se está sendo movido pelo entendimento, pela emoção ou por alguma influência preconceituosa em sua mente. Enquanto estiver sujeito à ira ou à ambição, enquanto estiver influenciado por pensamentos equivocados a respeito dos outros, enquanto for afetado pela incompreensão dos outros, enquanto isso ocorrer, o seu próprio entendimento não terá clareza.

❖ ❖ ❖

A razão humana pode sempre achar "prós e contras" tanto para as boas como para as más ações. Ela é intrinsecamente desleal. O discernimento reconhece, como estrela polar, apenas um critério: a alma.

❖ ❖ ❖

Imagine dois homens. À direita deles está o vale da vida, e à esquerda o vale da morte.

São ambos racionais, mas um vai para a direita e o outro para a esquerda. Por quê? Porque um deles usou corretamente seu poder de discernir, enquanto o outro usou mal esse poder, cedendo a falsas racionalizações.

❖ ❖ ❖

Preste atenção a suas motivações em tudo o que fizer. Tanto o glutão quanto o iogue comem. Mas você diria que comer é pecado por ser frequentemente associado à gula? Não. O pecado está no pensamento, na motivação. O homem mundano come para satisfazer a gula e o iogue come para manter seu corpo em forma. Há uma enorme diferença. Analogamente, um homem comete um homicídio e é enforcado por isso; um outro mata muitos seres humanos no campo de batalha, defendendo a pátria, e é condecorado. Aqui, novamente, é a motivação que faz a diferença. Os moralistas fixam regras absolutas, mas estou lhe dando exemplos para mostrar como se pode viver neste mundo de relatividades com o autocontrole dos sentimentos, mas sem ser um autômato.

❖ ❖ ❖

A maneira científica de viver é interiorizar-se e se perguntar se está agindo certo ou errado, sendo absolutamente sincero. Se for sincero consigo mesmo, é pouco provável que aja errado e, ainda que o faça, será capaz de se corrigir rapidamente.

❖ ❖ ❖

Todas as manhãs e todas as noites mergulhe no silêncio, ou seja, na meditação profunda, pois a meditação é o único caminho para se distinguir a verdade do erro.

❖ ❖ ❖

Aprenda a ser guiado por sua consciência, o divino poder do discernimento dentro de você.

❖ ❖ ❖

Deus é o sussurro no templo de sua consciência e a luz da intuição. Você sabe quando está agindo errado. Todo o seu ser lhe diz, e essa sensação é a voz de Deus. Se você não O escuta, Ele fica calado. Mas quando você despertar da ilusão e quiser agir corretamente, Ele o guiará.

❖ ❖ ❖

Seguindo todo o tempo a voz interna da consciência, que é a voz de Deus, você se tornará uma pessoa verdadeiramente moral, um ser altamente espiritualizado, um homem de paz.

Intuição: o descortino da alma

A intuição é a orientação da alma, que surge naturalmente no homem quando sua mente está tranquila. (...) O objetivo da ciência da *yoga* é acalmar a mente para que, sem distorções, ela possa ouvir o infalível conselho da Voz Interna.

❖ ❖ ❖

"Resolva todos os seus problemas por meio da meditação" [dizia Lahiri Mahasaya]. "Sintonize-se com a ativa Orientação interior. A Voz Divina tem resposta para todos os dilemas da vida. Embora a engenhosidade do homem para se meter em dificuldades pareça não ter fim, o Socorro Infinito não é menos inexaurível."

❖ ❖ ❖

Ao querer que dependamos exclusivamente Dele, Deus não quer dizer que você não deva pensar por si próprio. Ele quer que você use sua iniciativa. A ideia é a seguinte: se não for capaz de buscar uma sintonia consciente com Deus antes de tudo, você cortará o contato com a Fonte, e desse modo não poderá receber Sua ajuda. Quando você se voltar primeiro para Ele, para todas as coisas, Ele o guiará; Ele revelará seus erros para que você possa mudar a si próprio e ao curso de sua vida.

❖ ❖ ❖

Lembre-se, melhor do que um milhão de raciocínios é sentar-se e meditar em Deus até sentir tranquilidade interior. Então, diga ao Senhor: "Não posso resolver meu problema sozinho, mesmo que eu tenha um número incalculável de pensamentos diferentes; mas posso resolvê-lo colocando-o em Tuas mãos, pedindo primeiro a Tua orientação, e depois analisando os vários ângulos em busca de uma solução possível". Deus ajuda aqueles que se ajudam. Quando sua mente estiver tranquila e cheia de fé, após orar a Deus em meditação, você será capaz de ver várias respostas para os seus problemas; e porque sua mente se acalmou, será capaz de escolher a melhor solução. Siga essa orientação e terá êxito. Isto é aplicar a ciência da religião na sua vida diária.

❖ ❖ ❖

"A vida humana é assediada por tristezas até que saibamos entrar em sintonia com a Vontade Divina, cujo 'procedimento correto' é frequentemente desconcertante para a inteligência egoísta" [disse Sri Yukteswar]. "Só Deus dá conselho infalível. Quem senão Ele sustenta o peso do cosmos?"

❖ ❖ ❖

Quando conhecermos o Pai Celestial, teremos as respostas não apenas para os nossos próprios problemas, mas também para os que afligem o mundo. Por que vivemos e por que morremos? Por que sucedem os acontecimentos atuais, e por que os do passado? Duvido que um dia venha à Terra um santo que responda a todas as perguntas de todos os seres humanos. No templo da meditação, porém, todos os enigmas da vida que inquietam nossos corações serão resolvidos. Tomaremos conhecimento das respostas aos quebra-cabeças da vida e encontraremos a solução para todas as nossas dificuldades quando entrarmos em contato com Deus.

Afirmação

Pai Celestial, eu raciocinarei, quererei e agirei; mas guia Tu minha razão, vontade e atividade para a coisa certa que eu devo fazer.

Capítulo 7

Alcançando seus objetivos

Nada é impossível, a não ser que você pense que é.

❖ ❖ ❖

Como ser mortal você é limitado, mas como filho de Deus você não tem limites. (...) Focalize sua atenção em Deus e terá todo o poder que quiser, para utilizá-lo em qualquer direção.

O uso da força de vontade dinâmica

A vontade é o instrumento da imagem de Deus dentro de você. Na vontade reside o poder ilimitado Dele, o poder que controla todas as forças da natureza. Como você foi feito à imagem Dele, esse poder é seu, para realizar o que quer que você deseje.

❖ ❖ ❖

Quando decidir fazer coisas boas, você as realizará se empregar força de vontade dinâmica. Não importa quais sejam as circunstâncias, se continuar tentando, Deus criará os meios pelos quais a sua vontade encontrará a recompensa apropriada. Essa é a verdade a que Jesus se referiu quando disse: "Se tiverdes fé e não duvidardes, (...) se a este monte disserdes: Ergue-te e precipita-te no mar, assim será feito".[1] Se você usar sua força de vontade todo o

1. Mateus 21:21.

tempo, independentemente dos revezes, ela produzirá êxito, saúde, poder para ajudar outras pessoas e, acima de tudo, produzirá a comunhão com Deus.

❖ ❖ ❖

Uma vez tendo dito "eu quero", não desista mais. Se afirmar: "Nunca mais apanharei um resfriado" e na manhã seguinte acordar com um terrível resfriado e perder o ânimo, estará permitindo que sua vontade continue fraca. Você não deve perder a coragem quando vê acontecer o contrário do que afirmou. Continue acreditando, com a certeza de que assim será. Se disser "vou fazer", mas interiormente pensar "não posso", neutralizará a força do pensamento e castrará sua vontade.

❖ ❖ ❖

Se alguém deseja uma casa e a mente pensa: "Seu simplório, você não tem condições de ter uma casa", a pessoa precisa fortalecer sua vontade. Quando o "não posso" desaparece de sua mente, poderes divinos vêm a você. Uma casa não lhe cairá do céu; você precisa exercer ininterruptamente sua força de vontade mediante ações construtivas. Quando perseverar, recusando-se a aceitar o fracasso, o objeto de sua vontade terá de materializar-se. Quando você exercer ininterruptamente essa vontade por meio de seus pensamentos e atividades, aquilo que você desejar terá de acontecer. Mesmo que não haja no mundo nada que corresponda ao seu desejo, quando a vontade persiste, o resultado almejado se manifestará de alguma forma.

❖ ❖ ❖

Alcançando seus objetivos

O cérebro do homem mortal está cheio de "não posso". Tendo nascido numa família com certas características e hábitos, ele é influenciado por estes a pensar que não pode fazer certas coisas: não pode andar muito, não pode comer isso, não pode tolerar aquilo. Esses "não posso" precisam ser cauterizados. Você tem dentro de si o poder de realizar tudo o que quiser. Esse poder se acha na vontade.

❖ ❖ ❖

Se você se agarra a certo pensamento com força de vontade dinâmica, ele finalmente assume uma forma exterior tangível.

❖ ❖ ❖

Dotar um pensamento de força de vontade dinâmica significa aferrar-se a ele até que esse padrão de pensamento desenvolva força dinâmica. Quando um pensamento se torna dinâmico por meio da força de vontade, ele pode manifestar-se de acordo com o desenho mental que se criou.

❖ ❖ ❖

Como se pode desenvolver a vontade? Escolha um objetivo que você acha que não pode realizar e procure, com toda a força, alcançá-lo. Quando obtiver êxito, passe a alguma coisa maior, e continue exercitando desse modo sua força de vontade. Se a dificuldade for muito grande, ore profundamente: "Senhor, dá-me o poder de superar todas as minhas dificuldades". Você precisa usar sua força de vontade, não importa o que você seja ou quem você seja. *Você precisa decidir*. Use esse poder da vontade tanto nos negócios quanto na meditação.

❖ ❖ ❖

Se, depois de raciocinar calmamente, você decidir que o que se dispôs a fazer é certo, ninguém deveria ser capaz de impedi-lo. Se eu estivesse desempregado, sacudiria o mundo inteiro até que dissessem: "Deem-lhe um emprego para que ele fique quieto!"

❖ ❖ ❖

Se você se convenceu de que é um mortal desamparado e permite que os outros o convençam de que você não pode obter um emprego, então decretou, em sua própria mente, que está acabado. Não é julgamento de Deus ou do destino, mas sim sua própria sentença sobre você mesmo que o mantém pobre ou preocupado. Êxito ou fracasso são decididos em sua própria mente. Mesmo contra a opinião negativa do resto da sociedade, se você revela, por meio da vontade que tudo conquista, dada por Deus, a convicção de que não pode ser abandonado para sofrer em dificuldades, sentirá um secreto poder divino descendo sobre você; e verá que o magnetismo dessa convicção e desse poder está lhe abrindo novos caminhos.

Como lidar construtivamente com o fracasso

A estação do fracasso é a melhor época para plantar as sementes do êxito. O golpe das circunstâncias pode contundi-lo, mas mantenha a cabeça erguida. Tente sempre uma vez mais, não importa quantas vezes tenha falhado. Lute quando achar que não pode mais lutar, ou quando achar que já fez o melhor possível, ou até que seus esforços sejam coroados de êxito.

❖ ❖ ❖

Aprenda a usar a psicologia da vitória. Algumas pessoas aconselham: "Não fale de fracasso de modo algum". Mas só isso não resolve. Primeiro, analise seu fracasso e suas causas, aproveite a experiência e não pense mais nisso. Embora fracasse muitas vezes, o homem que continua se empenhando, que não se deixa derrotar interiormente, é uma pessoa verdadeiramente vitoriosa.

❖ ❖ ❖

A vida pode ser sombria, as dificuldades podem vir, as oportunidades podem transcorrer sem serem utilizadas, mas nunca pense: "Estou liquidado. Deus me abandonou." Quem poderia fazer alguma coisa por esse tipo de pessoa? Sua família pode abandoná-lo. A boa sorte pode parecer deixá-lo. Todas as forças humanas e da natureza podem se mobilizar contra você; mas pela qualidade da iniciativa divina no seu interior, você pode derrotar todas as investidas do destino criadas por suas próprias ações errôneas do passado e, em marcha vitoriosa, entrar no paraíso.

❖ ❖ ❖

Se você é guiado pela Consciência Divina, então, mesmo quando o futuro parece absolutamente negro, tudo no fim acabará bem. Quando Deus o guia, você não pode fracassar.

❖ ❖ ❖

Você precisa banir o pensamento de que o Senhor, com Seu poder maravilhoso, está lá longe no céu e que você é um vermezinho desamparado, sepulto em dificuldades aqui na Terra. Lembre-se que por trás da sua vontade está a grande Vontade Divina.

❖ ❖ ❖

Tropeçar e cair no mau caminho é apenas uma fraqueza temporária. Não pense que está completamente perdido. O próprio chão em que você caiu pode ser usado como apoio para que se levante novamente, se você aprender com suas experiências.

❖ ❖ ❖

Se você reconhece um erro e resolutamente se determina a não repeti-lo, mesmo que caia, essa queda será muito menor do que se nunca tivesse tentado.

❖ ❖ ❖

Quando o inverno das provações chega, algumas folhas da vida caem. É normal. Não tem importância. Assimile isso. Diga: "Não faz mal. O verão está chegando e florescerei de novo." Deus deu força interior à arvore para que ela sobreviva aos invernos mais rigorosos. Você não é menos dotado que ela. O inverno da vida não vem para destruir você, e sim para estimulá-lo a ter entusiasmo renovado e esforço construtivo, que florescem na primavera das novas oportunidades que chegam para todos. Diga para si mesmo: "Este inverno da minha vida não vai durar. Vou me livrar das garras das provações e mostrar novas folhas e novas flores de melhorias. E mais uma vez a ave-do-paraíso pousará nos ramos de minha vida."

❖ ❖ ❖

Não importa quantas vezes fracasse, continue tentando. Aconteça o que acontecer, se decidiu inabalavelmente que "a Terra pode se despedaçar, mas continuarei fazendo o melhor possível", você está usando a vontade dinâmica, e terá êxito. Essa vontade dinâmica é que faz um homem rico, outro forte e outro santo.

Concentração: a chave do êxito

A falta de concentração é a causa básica de muitos fracassos na vida. A atenção é como o facho de luz de um farol. Quando ele se espalha sobre uma área muito grande, sua capacidade de iluminar determinado objeto é pequena; mas ele se intensifica quando focalizado num único objeto de cada vez. Os grandes homens são pessoas de concentração. Eles aplicam a mente inteira a uma só coisa de cada vez.

❖ ❖ ❖

Deve-se conhecer o método científico de concentração[2] por meio do qual se pode desligar a atenção dos objetos de distração e focalizá-la sobre uma determinada coisa de cada vez. Pelo poder da concentração, o homem é capaz de usar o incalculável poder da mente para conseguir o que deseja, bem como para fechar todas as portas através das quais o fracasso poderia entrar.

2. Ensinado nas *Lições da Self-Realization Fellowship*.

❖ ❖ ❖

Muitas pessoas pensam que suas ações têm de ser ou apressadas ou lentas. Não é verdade. Se mantiver a tranquilidade com intensa concentração, você executará todos os deveres na velocidade correta.

❖ ❖ ❖

A pessoa tranquila tem todos os seus sentidos totalmente identificados com o meio ambiente em que se insere. A pessoa inquieta nada percebe; por conseguinte, envolve-se em dificuldades com ela própria e com os outros, criando uma série de mal-entendidos. (...) Nunca mude o centro de sua concentração da calma para a inquietude. Só desempenhe as atividades com concentração.

❖ ❖ ❖

Focalize sempre toda sua mente no que quer que esteja fazendo, mesmo que seja algo pequeno e aparentemente sem importância. Também aprenda a manter sua mente flexível a fim de poder transferir o foco de sua atenção de um momento para outro. Mas, acima de tudo, faça tudo com cem por cento de concentração.

❖ ❖ ❖

A maioria das pessoas faz tudo com a atenção dividida. Não empregam mais do que um décimo de sua atenção. É por isso que não têm o poder de alcançar o êxito. (...) Faça tudo com o poder da atenção. A plena força desse poder pode ser obtida por meio da meditação. Quando você usa esse

Alcançando seus objetivos 77

poder de concentrar-se, que é de Deus, pode aplicá-lo a qualquer coisa e ser um sucesso.

Criatividade

Sintonize-se com o poder criador do Espírito. Você estará em contato com a Inteligência Infinita capaz de guiá-lo e de resolver todos os problemas. O Poder proveniente da Fonte dinâmica de seu ser fluirá ininterruptamente, de modo que você será capaz de trabalhar criativamente em qualquer esfera de atividade.

❖ ❖ ❖

Proponha-se esta pergunta: "Já tentei fazer algo que ninguém fez?" Esse é o ponto de partida para a aplicação da iniciativa. Se você não pensou nisso ainda, é como centenas de pessoas que acreditam, erroneamente, que não têm o poder de agir de modo diferente do que agem. São como sonâmbulos: as sugestões oriundas da mente subconsciente dão-lhes a consciência de pessoas de apenas um HP [*horse-power*].

Se tem vivido nesse estado de sonambulismo, você precisa acordar a si mesmo afirmando: "Tenho a maior das qualidades humanas: a iniciativa. Todo ser humano tem uma centelha de poder por meio da qual pode criar algo jamais criado antes. Ainda assim, percebo como seria fácil ser iludido pela consciência mortal da limitação que permeia o mundo se me deixasse hipnotizar pelo ambiente!"

❖ ❖ ❖

O que é a iniciativa? É uma faculdade criadora dentro de você, uma centelha do Criador Infinito. Ela pode lhe conceder o poder de criar algo que ninguém jamais criou. Ela o impulsiona a fazer coisas de maneiras novas. As realizações de uma pessoa de iniciativa podem ser tão espetaculares quanto uma estrela cadente. Dando a impressão de criar algo a partir do nada, ela demonstra que o aparentemente impossível pode se tornar possível quando empregamos o grande poder inventivo do Espírito.

❖ ❖ ❖

Aquele que cria não fica esperando uma oportunidade, culpando as circunstâncias, o destino ou os deuses. Ele agarra as oportunidades, ou as cria com a varinha mágica de sua vontade, de seu esforço e de seu discernimento inquiridor.

❖ ❖ ❖

Antes de assumir encargos importantes, sente-se quieto, acalme os sentidos e os pensamentos e medite profundamente. Você então será guiado pelo grande poder criativo do Espírito.

❖ ❖ ❖

Seja o que for que queira fazer, pense nisso até que esteja completamente absorto em tal ideia. Pense, pense, pense e planeje. Aí, dê um tempo; não faça nada de repente. Dê um passo, e então pense um pouco. Algo no seu íntimo lhe diz o que fazer. Faça isso e pense um pouco mais. Uma nova orientação virá. Aprendendo a mergulhar fundo no seu interior, você unirá a sua consciência com a superconsciência da alma, de modo que, com infinita força de vontade, paciência e intuição, você possa desenvolver essas ideias embrionárias de êxito.

❖ ❖ ❖

Tão logo tenha um pensamento correto, trabalhe nele. Algumas pessoas têm uma boa ideia mas não têm tenacidade suficiente para concebê-la completamente e colocá-la em prática. Você precisa ter coragem e perseverança e pensar: "Verei minha ideia realizada. É possível que eu não tenha êxito nesta vida, mas farei o esforço." Pense e aja, pense e aja. Essa é a maneira de desenvolver o seu poder mental. Cada ideia é como uma pequena semente, mas é preciso cultivá-la.

❖ ❖ ❖

Muitas pessoas tentam realizar alguma coisa na esfera do pensamento, mas desistem quando surgem as dificuldades. Só as pessoas que visualizaram seus pensamentos com muita intensidade é que foram capazes de manifestá-los na realidade.

❖ ❖ ❖

A imaginação [o poder de imaginar ou visualizar] é um fator muito importante no pensamento criador. Mas a imaginação precisa amadurecer e transformar-se em convicção. Não se pode conseguir isso sem uma vontade forte. Mas se você imaginar algo com todo o poder de sua vontade, a imaginação se converterá em convicção. E quando for capaz de sustentar essa convicção contra todos os obstáculos, ela se tornará realidade.

❖ ❖ ❖

Faça projetos mentais de pequenas coisas e prossiga na tentativa de que se materializem, até poder fazer com que seus grandes sonhos também se realizem.

❖ ❖ ❖

Os homens que têm êxito são aqueles com previsão suficientemente forte para produzir em sua mente imagens indeléveis daquilo que desejam construir ou produzir nesta Terra. Apoiados pelo agente financeiro de sua habilidade criativa, empregam a força de vontade como empreiteiro, a atenção minuciosa como carpinteiros e a paciência mental como a necessária mão de obra para materializar, na vida real, o resultado ou o objeto desejado.

❖ ❖ ❖

Sempre que desejar criar alguma coisa, não confie em fontes externas. Aprofunde-se e procure a Fonte Infinita. Todos os métodos de êxito empresarial, todas as invenções, todas as vibrações musicais, todos os pensamentos inspiradores e obras escritas estão registrados nos anais de Deus.

❖ ❖ ❖

Trabalhe no progresso de suas relações com Deus. Isto é a parte mais importante de todo o pensar criativamente.

Produzindo o êxito integral

O mais sábio é aquele que busca a Deus. O mais bem-sucedido é aquele que encontrou Deus.

Alcançando seus objetivos

❖ ❖ ❖

O êxito não é uma questão simples, não pode ser avaliado apenas pela quantidade de dinheiro e bens materiais que você possua. O significado do êxito é muito mais profundo. Só pode ser determinado na medida em que sua paz interior e seu controle mental o tornam capaz de ter felicidade em quaisquer circunstâncias. Esse é o ver- dadeiro êxito.

❖ ❖ ❖

Os bons professores jamais o aconselharão a ser negligente; eles o ensinarão a ser equilibrado. Sem dúvida, você tem que trabalhar para alimentar e vestir o corpo. Mas se permitir que um dever seja contraditório a outro, não se tratará de um verdadeiro dever. Milhares de homens de negócios estão ocupadíssimos em acumular riquezas, esquecendo-se que também estão criando um bocado de doenças cardíacas! Se o dever para com a prosperidade faz esquecer o dever para com a saúde, deixa de ser um dever. A pessoa deve desenvolver-se de maneira harmoniosa. É inútil dedicar atenção especial para cultivar um corpo maravilhoso se ele abrigar um cérebro de tolo. A mente também precisa ser desenvolvida. E se você tem saúde perfeita, prosperidade e conhecimentos intelectuais, mas não é feliz, isto significa que ainda não alcançou êxito em sua vida. Quando puder verdadeiramente dizer: "Sou feliz e ninguém pode me roubar esta felicidade", você será um rei: terá encontrado a imagem de Deus dentro de você.

❖ ❖ ❖

Outra característica do êxito é que não apenas trazemos resultados harmoniosos e benéficos a nós mesmos, mas também compartilhamos esses benefícios com os demais.

❖ ❖ ❖

A vida deveria ser principalmente serviço. Sem esse ideal, a inteligência que Deus lhe deu não está se dirigindo ao seu objetivo. Quando, ao servir, você esquece o pequeno ego, você sentirá o grande Eu do Espírito. Assim como os raios vitais do sol nutrem a todos, você deve espalhar raios de esperança no coração dos pobres e dos abandonados, inflamar a coragem no coração dos que perderam ânimo e acender nova força no coração dos que se julgam fracassados. Quando você compreende que a vida é uma alegre batalha pelo dever e ao mesmo tempo um sonho fugaz, quando você se impregna com a alegria de tornar os outros felizes oferecendo-lhes gentileza e paz, aos olhos de Deus a sua vida é um sucesso.

O valor do entusiasmo

Qualquer trabalho que se realize com o espírito correto traz a vitória sobre si mesmo. (...) O que conta é a atitude com que se trabalha. A preguiça mental e o trabalho de má vontade estragam o indivíduo. Frequentemente as pessoas me perguntam: "Como é que o senhor consegue fazer tantas coisas?" É porque faço tudo com o maior prazer e com o espírito de servir. Interiormente, estou com Deus o tempo todo. E embora dormindo muito pouco, sempre me sinto disposto porque cumpro meus deveres com a atitude correta: de que é um privilégio servir.

❖ ❖ ❖

A falta de disposição mental para o trabalho vem acompanhada de apatia e falta de energia. Entusiasmo e boa vontade vão de mãos dadas com novos suprimentos de energia. Com base nesses fatos pode-se entender a sutil relação existente entre vontade e energia. Quanto maior a vontade, mais inesgotável é a energia.

❖ ❖ ❖

Se o seu trabalho na vida é humilde, não peça desculpas por isso. Orgulhe-se porque está cumprindo o dever que lhe foi designado pelo Pai. Ele precisa de você no lugar específico em que você está; as pessoas todas não podem desempenhar o mesmo papel. Enquanto trabalhar para agradar a Deus, todas as forças cósmicas virão harmoniosamente em seu auxílio.

❖ ❖ ❖

Aos olhos de Deus nada é grande ou pequeno. Se não fosse pela Sua exatidão ao construir o pequenino átomo, poderiam os céus ostentar as orgulhosas estruturas de Vega ou Arcturo? Diferenças entre "importante" e "sem importância" são, com certeza, desconhecidas ao Senhor; senão, pela falta de um alfinete, o cosmos desabaria!

❖ ❖ ❖

Procure fazer as pequenas coisas de maneira extraordinária.

❖ ❖ ❖

Você deve progredir. Procure ser o melhor em sua profissão. Expresse o poder ilimitado da alma em tudo o que fizer. (...) Você precisa permanentemente originar e produzir novos êxitos e não tornar-se um autômato. Todo trabalho purifica se executado com a motivação correta.

❖ ❖ ❖

Concentração significa reunir a atenção e focalizá-la em um ponto. (...) Use essa atenção concentrada para fazer rapidamente uma coisa que normalmente levaria muito tempo.

A maioria das pessoas faz tudo pela metade, usando apenas um décimo da sua atenção. É por isso que não têm força para o êxito.

❖ ❖ ❖

Por meio da perseverança – cultivando a originalidade criativa e desenvolvendo seus talentos através do ilimitado poder de Deus proveniente da comunhão diária com Ele na meditação profunda; pelo uso de métodos comerciais honestos, da lealdade ao seu empregador – pensando nos negócios dele como se fossem seus; e ao cultivar uma sintonia intuitiva com o seu superior imediato ou proprietário da empresa e com o seu Empregador Cósmico – Deus – você será infalivelmente capaz de agradar o seu empregador no trabalho e o seu Empregador Divino.

❖ ❖ ❖

É fácil ficar à toa, desesperançado, e assim desistir de empenhar-se pelo êxito financeiro na vida. É fácil ganhar dinheiro desonestamente quando aparece uma oportunidade. Mas é errado achar desculpas para não fazer um esforço no sentido de ganhar a vida honradamente. (...)

Excepcional é o homem que ganha dinheiro em abundância, de maneira altruísta, honesta e rápida, apenas para Deus e Seu trabalho e para fazer os outros felizes. Uma atividade desse tipo desenvolve numerosas qualidades superiores de caráter que ajudam a pessoa tanto no seu caminho espiritual como na vida material. Ganhar dinheiro, honesta e prodigamente, para servir ao trabalho de Deus, é a segunda arte suprema, sucedendo apenas à arte de perceber Deus. Responsabilidade, conhecimento organizacional, ordem, liderança e utilidade prática são desenvolvidos no processo de geração do êxito nos negócios e são qualidades necessárias ao crescimento integral do homem.

Abundância e prosperidade

Aqueles que buscam a prosperidade somente para si próprios fatalmente acabarão pobres ou sofrerão de desarmonia mental; mas os que consideram o mundo todo como seu lar e que realmente se preocupam com a prosperidade do grupo ou do mundo e trabalham por ela (...) encontram a prosperidade individual que lhes cabe de direito. Essa é uma lei certa e secreta.

❖ ❖ ❖

O altruísmo é o princípio que governa a lei da prosperidade.

❖ ❖ ❖

Nada possuo, no entanto sei que, se estivesse com fome, haveria milhares de pessoas neste mundo que me alimentariam, porque dei muito a milhares delas. Essa mesma lei funcionaria para quem quer que pensasse não em si próprio como o faminto, mas sim nas outras pessoas que precisam.

❖ ❖ ❖

Todos os dias faça alguma coisa em benefício dos outros, mesmo que seja insignificante. Quem quer amar a Deus precisa amar as pessoas. Elas são filhas Dele. Você pode ser prestativo no plano material – dando aos que precisam – e no plano mental – dando conforto aos sofredores, coragem aos temerosos, amizade divina e apoio moral aos fracos. Você também semeia bondade quando desperta nos outros o interesse por Deus e quando cultiva neles um maior amor a Deus, uma fé mais profunda Nele. Quando deixar este mundo, as riquezas materiais ficarão para trás; mas todas as suas boas ações o acompanharão. Pessoas ricas que vivem na avareza e pessoas egoístas que nunca ajudam os outros não atraem riqueza em sua próxima vida. No entanto, os que distribuem e compartilham, quer tenham muito, quer tenham pouco, atrairão a prosperidade. Essa é a lei de Deus.

❖ ❖ ❖

Pense na Abundância Divina como uma poderosa chuva refrescante; você a receberá de acordo com a vasilha que tiver nas mãos. Se tiver uma pequena xícara, receberá apenas essa quantidade. Se tiver uma tigela, ela se encherá. Com que tipo de receptáculo você está pronto para receber a Abundância Divina? Talvez sua vasilha esteja defeituosa. Se assim for, conserte-a lançando fora o medo, o ódio, a dúvida e a inveja, e depois lave-a com as águas purificantes da paz, da tranquilidade, da devoção e do amor. A Abundância Divina obedece à lei do serviço e da generosidade. Dê e receberá. Dê ao mundo o que de melhor tiver, e o que houver de melhor voltará a você.

❖ ❖ ❖

A ação de graças e o louvor abrem caminho, em sua consciência, para que o crescimento e o suprimento espirituais venham a você. O Espírito Se infunde em manifestação visível tão logo seja aberto um canal através do qual Ele possa fluir.

❖ ❖ ❖

"Aos homens que meditam em Mim como Aquele que é verdadeiramente seu, sempre unidos a Mim pela adoração incessante, a eles Eu supro as deficiências e torno permanentes suas aquisições."[3] [Aqueles] que são fiéis ao seu Criador, percebendo-O em todas as diversas fases da vida, acabam descobrindo que Ele está tomando conta de sua vida, mesmo nos menores detalhes, e que, com previsão divina, aplaina seus caminhos. (…)

Essa estrofe do *Gita* nos lembra as palavras de Cristo: "Mas buscai primeiro o reino de Deus,

---

3. *Bhagavad-Gita* IX:22.

e a Sua justiça, e todas estas coisas vos serão acrescentadas".[4]

❖ ❖ ❖

Afirmações para o êxito

Viverei com perfeita fé no poder do Bem Onipresente para trazer a mim o que eu precisar no momento em que precisar.

❖ ❖ ❖

Oculta dentro de mim está a força para vencer todos os obstáculos e tentações. Vou manifestar esse poder e energia indomáveis.

❖ ❖ ❖

Agradecerei a Deus porque serei capaz de tentar várias vezes até que, com Sua ajuda, consiga ter êxito. Agradecerei a Ele quando conseguir realizar o nobre desejo do meu coração.

Afirmações para ter abundância divina

Ó Pai, almejo prosperidade, saúde e sabedoria imensuráveis, não de fontes terrenas, mas de Tuas generosas mãos todo-poderosas que tudo possuem.
Não serei um mendigo, pedindo prosperidade, saúde e conhecimento mortais e limitados. Sou Teu filho, e como

---

4. Mateus 6:33.

tal exijo, sem limitações, a herança de filho divino, parte de Tuas riquezas ilimitadas.

❖ ❖ ❖

Pai Divino, eis minha oração: não me importa o que eu possua permanentemente, mas dá-me o poder de adquirir à vontade o que quer que eu necessite diariamente.

Capítulo 8

Paz interior: antídoto contra o estresse, a preocupação e o medo

A calma é o estado ideal com que deveríamos receber todas as experiências da vida. O nervosismo é o oposto da calma, e o seu predomínio hoje em dia faz dele algo muito próximo a uma epidemia mundial.

❖ ❖ ❖

As pessoas que não têm pensamentos harmoniosos sempre encontrarão desarmonia. É basicamente uma percepção interior, mais do que as condições externas. Cultive a harmonia interior e você a espalhará aos outros. (...) Aonde quer que vá, nas circunstâncias mais absurdas, você conseguirá encontrar e nutrir a harmonia interior.

❖ ❖ ❖

Quando você se preocupa, uma estática passa por seu rádio mental. A canção de Deus é a canção da tranquilidade. O nervosismo é a estática; a calma é a voz de Deus falando a você pelo rádio de sua alma.

❖ ❖ ❖

A tranquilidade é o alento vivo da imortalidade de Deus em você.

❖ ❖ ❖

Tudo o que você fizer deve ser feito em paz. Eis o melhor remédio para o seu corpo, sua mente e sua alma. Eis a maneira mais sublime de viver.

❖ ❖ ❖

A paz é o altar de Deus, a condição na qual a felicidade existe.

❖ ❖ ❖

Se mantiver sua mente na resolução de jamais perder a paz, você poderá atingir a divindade. Mantenha uma câmara secreta de silêncio dentro de você, onde não deixará entrar mau humor, provações, lutas ou desarmonia. Afaste todo ódio, anseio por vingança e desejos. Nessa câmara de paz, Deus o visitará.

❖ ❖ ❖

Não se pode comprar a paz. Você tem que saber como fabricá-la dentro de você, no silêncio de suas práticas diárias de meditação.

❖ ❖ ❖

Devemos modelar nossa vida segundo uma estrutura triangular: calma e doçura são os dois lados; a base é a felicidade. Todos os dias, lembre-se: "Sou um príncipe de paz, sentado no trono do equilíbrio, dirigindo meu reino de atividades". Atue uma pessoa rápida ou vagarosamente, na solidão ou nas agitadas aglomerações humanas, ela deve centrar-se na paz e no equilíbrio.

Nervosismo

Aquele que é naturalmente calmo não perde seu sentido de raciocínio, de justiça ou de humor, sejam quais forem as circunstâncias. (...) Ele não envenena os tecidos de seu corpo com ira ou temor, que afetam a circulação de maneira adversa. É fato comprovado que o leite da mãe enraivecida pode ter efeitos perniciosos no seu filho. Que prova mais contundente poderíamos querer de que emoções violentas acabam por reduzir o corpo a uma ruína ignominiosa?

❖ ❖ ❖

O fato de ficar remoendo pensamentos de medo, raiva, melancolia, remorso, inveja, tristeza, ódio, descontentamento ou preocupação e a falta de condições para uma vida normal e feliz – tais como alimentação correta, exercícios adequados, ar puro, sol, trabalho agradável e um propósito na vida – originam moléstias nervosas.

❖ ❖ ❖

Se ligarmos uma lâmpada de 120 volts numa linha de 2.000 volts, ela se queimará de imediato. Analogamente, o sistema nervoso não foi feito para suportar a força destrutiva da emoção intensa ou de persistentes pensamentos e sentimentos negativos.

❖ ❖ ❖

Mas o nervosismo pode ser curado. Quem sofre dele precisa estar disposto a analisar sua moléstia e eliminar as emoções desintegradoras e os pensamentos negativos que pouco a pouco o estão destruindo. A análise objetiva dos problemas da própria pessoa[1] e a manutenção da calma em todas as situações da vida curarão o caso mais crônico de

1. Ver capítulo 6.

nervosismo. (...) A vítima do nervosismo precisa compreender seu próprio caso e refletir sobre o erro consistente do seu modo de pensar, que é responsável pelo seu desajustamento à vida.

❖ ❖ ❖

Em vez de se afobar, num estado de excitação emocional, para chegar a algum lugar e depois ser incapaz de apreciá-lo quando chega porque está agitado, procure ser mais calmo. (...) Tão logo sua mente se torne irrequieta, dê-lhe um safanão com sua vontade e ordene-lhe que se acalme.

❖ ❖ ❖

A agitação perturba o equilíbrio nervoso, enviando energia excessiva a algumas partes do corpo em detrimento de outras, que não recebem sua cota normal. Essa falha na distribuição adequada da força nervosa é a causa única do nervosismo.

❖ ❖ ❖

Um corpo relaxado e calmo é um convite à paz mental.

❖ ❖ ❖

[Técnica[2] para relaxamento do corpo:]

2. Referência simplificada de uma técnica especial desenvolvida por Paramahansa Yogananda em 1916, para recarregar o corpo com vitalidade e promover o perfeito relaxamento, ensinada nas *Lições da Self-Realization Fellowship*. O princípio geral de contração e relaxamento tem, nos últimos anos, sido popularmente endossado e usado pela medicina no tratamento de várias moléstias, inclusive para reduzir a irritabilidade e a hipertensão arterial.

Contraia com vontade: pelo comando da vontade, dirija a energia vital (mediante o processo de tensão) para inundar o corpo ou alguma parte do corpo. Sinta a energia vibrando ali, energizando e revitalizando. *Relaxe e sinta*: relaxe a contração e sinta o formigamento reconfortante da nova vida e da nova vitalidade na área recarregada. *Sinta* que você não é o corpo; você é essa vida que sustém o corpo. *Sinta* a paz, a liberdade, o crescente despertar de consciência que vem com a calma produzida pela prática desta técnica.

❖ ❖ ❖

Quando tiver paz em cada movimento de seu corpo, paz em seu pensamento, em sua força de vontade, paz em seu amor, e paz e Deus em suas ambições, lembre-se: você uniu Deus à sua vida.

Preocupação e medo

Embora a vida pareça caprichosa, incerta e cheia de problemas de toda ordem, estamos sempre sob a proteção amorosa e orientadora de Deus.

❖ ❖ ❖

Não faça um escarcéu a respeito de nada. Lembre-se de que, sempre que se preocupa, você está aprofundando a ilusão cósmica dentro de si.[3]

❖ ❖ ❖

3. O esquecimento da verdadeira natureza onipotente de sua alma e de sua divina ligação com Deus é a causa de todos os sofrimentos e limitações do homem. A *Yoga* ensina que esse esquecimento ou ignorância é causado por *maya*, ou seja, ilusão cósmica.

O medo de fracassar ou de ficar doente se cultiva quando se remoem esses pensamentos na mente consciente até eles fincarem raízes no subconsciente e finalmente na superconsciência.[4] Em seguida, os temores arraigados superconsciente e subconscientemente começam a germinar e a preencher a mente consciente com as plantas do medo, que não são tão fáceis de destruir quanto teriam sido os pensamentos originais. Afinal, essas plantas produzem frutos venenosos que levam à morte. (…)

Arranque-os de dentro de você concentrando-se poderosamente na coragem e deslocando sua consciência para a absoluta paz de Deus em seu interior.

❖ ❖ ❖

Seja qual for o seu temor, desvie sua mente dele e entregue o caso a Deus. Tenha fé Nele. Muito do sofrimento se deve somente às preocupações. Por que sofrer agora se a doença ainda não chegou? Uma vez que a maioria de nossas doenças é provocada pelo medo, se você abandonar o medo estará imediatamente livre. A cura é instantânea. Todas as noites, antes de dormir, faça a seguinte afirmação: "O Pai Celestial está comigo; estou protegido". Mentalmente envolva-se com o Espírito. (…) Você sentirá Sua maravilhosa proteção.

❖ ❖ ❖

Enquanto mantiver sua consciência em Deus, você jamais sentirá medo. Todos os obstáculos serão superados pela coragem e pela fé.

---

4. A mente superior, da qual as mentes subconsciente e consciente recebem seus poderes.

❖ ❖ ❖

O medo vem do coração. Se alguma vez você se sentir tomado de pavor de alguma doença ou de acidente, deve inspirar e expirar profunda, lenta e ritmicamente, várias vezes, relaxando a cada expiração. Isso ajuda a normalizar a circulação. Se seu coração estiver realmente sossegado, você não poderá sentir medo algum.

❖ ❖ ❖

O relaxamento mental é a habilidade de livrar voluntariamente a atenção das importunas preocupações com dificuldades passadas e presentes; da constante consciência de dever; do pavor de acidentes ou de outros medos preocupantes; da cobiça, do sentimentalismo extremo ou de outros pensamentos e apegos negativos e perturbadores. O domínio do relaxamento mental acontece com a prática regular. Você o obtém quando consegue livrar a mente de todos os pensamentos inquietos sempre que queira, fixando plenamente a atenção na paz e no contentamento que estão em seu interior.

❖ ❖ ❖

Esqueça o passado, porque ele já escapou a seu controle! Esqueça o futuro, porque está além de seu alcance! Domine o presente! Viva agora de maneira supremamente boa! Isso apagará completamente a escuridão do passado e obrigará o futuro a ser brilhante! Esta é a maneira de ser do sábio.

❖ ❖ ❖

Quando temos coisas demais para fazer ao mesmo tempo, nos desencorajamos. Em vez de se preocupar com o que precisa ser feito, diga simplesmente: "Esta hora é minha. Farei o melhor que puder." O relógio não percorre vinte e quatro horas em um minuto, e você também não pode fazer em uma hora o que faria em vinte e quatro. Viva cada momento presente de maneira intensa e o futuro cuidará de si mesmo. Aprecie plenamente a maravilha e a beleza de cada instante. Pratique a presença da paz. Quanto mais o fizer, mais sentirá a presença desse poder em sua vida.

❖ ❖ ❖

O prazer do homem moderno está em obter mais e mais, não se importando com o que acontece aos outros. Mas não seria bem melhor viver com simplicidade – sem muito luxo e com menos preocupações? Não há prazer algum em se ocupar tanto a ponto de não poder aproveitar o que tem. (...) Tempo virá em que a humanidade começará a abandonar essa consciência da necessidade de tantos bens materiais. Maior segurança e mais paz serão encontradas na vida simples.

❖ ❖ ❖

O trabalhador obstinado que se mantém incessantemente ativo nos sete dias da semana submete sua alma a uma atividade mecânica. Tal pessoa perde a habilidade de governar suas ações por meio do livre-arbítrio, do discernimento e da paz. Ela se torna uma ruína física e mental, desprovida de felicidade espiritual. É preciso cultivar a atividade e a tranquilidade e manter um equilíbrio entre elas, com o objetivo de criar paz e felicidade tanto nos períodos de atividade como no silêncio.

❖ ❖ ❖

A observância do "sábado"[5] como um dia dedicado a Deus e ao cultivo do espírito implica a cessação voluntária de todas as atividades que dispersam e desviam a mente por rumos materiais. (...) Passe o dia com atividades espiritualmente revitalizadoras, que lhe tragam a lembrança de Deus. Com tantas atrações materiais disponíveis no domingo, a mente das pessoas se excede. Onde fica o tempo para a tranquilidade restauradora, a introspecção e o pensamento criativo que nos ajude a adotar o melhor curso de ação, visando a uma existência plena durante a semana? Um dia de descanso bem empregado no silêncio, na meditação e no pensamento criativo (não em raciocínios frenéticos, mas na quietude dos pensamentos que são substituídos então por percepções intuitivas) proporciona à alma um reforço de harmonia, de paz e de poder físico e mental que permite ao ser humano utilizar seu discernimento para progredir física, mental e espiritualmente da melhor maneira possível.

❖ ❖ ❖

Se estiver sempre emitindo cheques sem nada depositar na sua conta bancária, você acabará sem

---

5. A palavra se origina do hebraico *shabath*, "deixar de agir; descansar". Um "sábado" destinado à regeneração espiritual não precisa ser um dia específico da semana; pode ser beneficamente observado em qualquer dia adequado às circunstâncias da pessoa ou à tradição da comunidade em que ela vive.

dinheiro. O mesmo acontece com sua vida. Sem depósitos regulares de paz na conta da vida, vai faltar vigor, calma e felicidade. Você será por fim levado à falência – emocional, mental, física e espiritual. Mas a comunhão diária com Deus reabastecerá permanentemente seu saldo bancário interno.

❖ ❖ ❖

Não importa o quanto estejamos ocupados, não devemos nos esquecer de libertar a nossa mente por completo, de vez em quando, das preocupações e de todos os afazeres. (...) Durante um minuto de cada vez, tente afastar pensamentos negativos, fixando a mente na paz interna, especialmente se estiver preocupado. Depois, tente permanecer durante vários minutos com a mente calma. Em seguida, pense em algum incidente feliz; mantenha o pensamento nele, visualize-o; reviva mentalmente alguma experiência agradável, repetidas vezes, até que tenha esquecido inteiramente suas preocupações.

❖ ❖ ❖

Quando acossada por tribulações mentais esmagadoras ou por preocupações, a pessoa deve tentar dormir. Se puder fazê-lo, descobrirá, ao acordar, que houve um alívio na tensão mental e que a preocupação afrouxou suas garras.[6] Nessas horas precisamos nos lembrar que, ainda que morramos, a Terra continuará a seguir sua órbita e os negócios

---

6. Conforme explicado na página 19, entrando no estado subconsciente do sono, a alma temporariamente se eleva acima das dificuldades associadas aos apegos ao corpo e às suas experiências. Um método superior é entrar no estado superconsciente de comunhão com Deus por meio da meditação profunda.

continuarão sendo feitos como de costume; sendo assim, por que se preocupar?

❖ ❖ ❖

A vida é divertida quando não a levamos muito a sério. Uma boa gargalhada é um excelente remédio para as enfermidades humanas. Uma das melhores características do povo americano é a sua capacidade de rir. Ser capaz de rir da vida é maravilhoso. Isso o meu mestre [Swami Sri Yukteswar] me ensinou. No início do meu treinamento espiritual em seu eremitério, eu andava sempre com uma expressão solene, nunca sorria. Um dia meu mestre fez uma observação certeira: "O que é isso? Você por acaso está numa cerimônia fúnebre? Não sabe que encontrar Deus significa o funeral de todas as tristezas? Então por que está tão sombrio? Não leve esta vida tão a sério."

❖ ❖ ❖

Sabendo que é filho de Deus, tome a decisão de manter-se calmo, não importa o que aconteça. Se a sua mente está completamente identificada com suas atividades, você não pode estar consciente do Senhor; mas se estiver tranquilo e internamente receptivo a Ele enquanto está ocupado externamente, você estará ativo da maneira certa.

❖ ❖ ❖

Por meio da meditação pode-se experimentar uma paz interna estável e silenciosa, que pode se constituir em fundamento permanentemente suavizante para todas as atividades, harmoniosas ou problemáticas, que as responsabilidades da vida exigem. A felicidade permanente reside em manter esse estado de tranquilidade mental uniforme, mesmo quando as preocupações procuram perturbar a equanimidade interna ou o sucesso tenta excitar a mente, levando-a a um estado anormal de exaltação.

Um monte de areia não pode resistir ao efeito erosivo das ondas do oceano. Uma pessoa que carece da imperturbável paz interna não pode permanecer calma durante um conflito mental. Entretanto, do mesmo modo que um diamante permanece inalterado, não importa quantas ondas rodopiem à sua volta, também uma pessoa de paz cristalizada permanece radiantemente serena, mesmo quando as aflições a acossem de todos os lados. Das águas mutáveis da vida, resgatemos, por meio da meditação, o diamante da inalterável consciência da alma, cintilante com a alegria sempiterna do Espírito.[7]

❖ ❖ ❖

A compreensão de que todo o poder de pensar, falar, sentir e agir vem de Deus e de que Ele está

---

7. "O estado de completa serenidade do sentimento (*chitta*), alcançado pela meditação iogue, no qual o eu (ego) percebe a si próprio como o Eu (alma) e está contente (estabelecido) no Eu;

"O estado de incomensurável Bem-aventurança transcendente aos sentidos, que se torna conhecido à inteligência intuitiva desperta, e no qual o iogue permanece entronizado, para nunca mais ter que dele sair;

"O estado que, uma vez encontrado, o iogue considera como o tesouro superior a todos os outros – estabelecido nesse estado, ele fica imune até mesmo à mais poderosa aflição;

"Esse estado é conhecido como *yoga* – o estado livre da dor. A prática da *yoga* deve, portanto, ser observada resolutamente e com o coração firme" (*Bhagavad Gita* VI: 20-23).

sempre conosco, inspirando-nos e guiando-nos liberta-nos instantaneamente do nervosismo. Lampejos de alegria divina virão com essa compreensão. Às vezes uma profunda iluminação permeia a pessoa, banindo a própria ideia de medo. Como um oceano, o poder de Deus tudo varre, irrompendo no coração como uma enchente purificadora e removendo todo bloqueio provocado por dúvidas ilusórias, irritação e temores. A ilusão da matéria, a consciência de ser apenas um corpo mortal, é superada pelo contato com a doce serenidade do Espírito, que se pode obter na meditação diária. Então você saberá que o corpo é uma pequena borbulha de energia em Seu oceano cósmico.

Afirmações para ter calma e paz

Sou um príncipe de paz, sentado no trono do equilíbrio, dirigindo o reino da atividade.

❖ ❖ ❖

No momento em que estiver inquieto ou com a mente perturbada, eu me recolherei ao silêncio e à meditação até que a calma seja recuperada.

❖ ❖ ❖

Não serei preguiçoso nem febrilmente ativo. Em cada desafio da vida, farei o melhor possível, sem me preocupar com o futuro.

Capítulo 9

Revelando o que há de melhor em seu interior

Nós somos aquilo que *pensamos* ser. A tendência habitual de nossos pensamentos determina nossos talentos, habilidades e personalidade. Deste modo, alguns pensam que são escritores, artistas, esforçados ou preguiçosos, e assim por diante. O que aconteceria se você quisesse ser diferente do que pensa que é atualmente? Você pode argumentar que os outros nasceram com algum talento especial que você não tem mas gostaria de ter. É verdade. No entanto eles devem ter cultivado tal hábito ou habilidade em algum momento – se não nesta vida, numa vida anterior.[1] Portanto, independentemente do que deseje ser, comece agora a desenvolver essa característica. Você pode instilar qualquer tendência em sua consciência agora mesmo, desde que injete um forte pensamento em sua mente; daí por diante, suas ações e todo o seu ser obedecerão a esse pensamento.

❖ ❖ ❖

Jamais se deve desistir da esperança de melhorar. Uma pessoa só é velha quando se recusa a fazer esforço para mudar. Essa estagnação é a única "velhice" que eu reconheço. Quando alguém diz reiteradamente: "Não posso mudar; sou assim", só

---

1. Ver *reencarnação* no glossário.

me resta dizer: "Está bem, continue desse jeito, já que decidiu ser assim".

❖ ❖ ❖

Qualquer que seja o seu estado atual, o homem pode melhorar por meio do autocontrole, da disciplina e da observância de dieta adequada e das leis da saúde. Por que acha que você não pode mudar? A preguiça mental é a causa secreta de todas as fraquezas.

❖ ❖ ❖

Todas as pessoas têm idiossincrasias autolimitadoras. Estas não foram colocadas por Deus em sua natureza, mas sim criadas por você mesmo. É isso o que você precisa mudar – lembrando-se de que esses hábitos, peculiares à sua natureza, nada mais são do que manifestações de seus próprios pensamentos.

❖ ❖ ❖

Em última análise, todas as coisas são feitas de consciência pura; a aparência finita delas resulta da relatividade da consciência.[2] Portanto, se quer

---

2. A *Yoga* ensina que o pensamento de Deus é a estrutura fundamental da criação. Assim como o vapor se condensa em água e subsequentemente em gelo, todas as estruturas e formas da energia e da matéria são condensações da consciência. Alguns físicos pioneiros do século 20 estão redescobrindo aquilo que os iogues conhecem desde tempos imemoriais. Sir James Jeans, cientista inglês, escreveu: "O universo começa a se parecer mais a um grande pensamento do que a uma grande máquina". E Einstein disse: "Quero saber como Deus criou este mundo. Não estou interessado neste ou naquele fenômeno, no espectro deste ou daquele elemento. Quero conhecer Seus pensamentos; o resto são detalhes."

mudar alguma coisa em si mesmo, você precisa modificar o processo de pensamento que ocasiona a materialização da consciência em diversas formas de matéria e ação. Esse é o modo, o único modo, de remodelar sua vida.

❖ ❖ ❖

Analise-se e determine as características principais que possui. (...) Não tente mudar o que você tem de bom, mas mude tudo aquilo que você faz contra a própria vontade; aquilo que o torna infeliz depois de ter feito. Como? Afirme com plena convicção antes de dormir e ao levantar-se pela manhã: "Eu posso mudar. Tenho a vontade para mudar. Eu *vou* mudar!" Mantenha este pensamento durante o dia; leve-o às regiões subconscientes do sono e ao domínio superconsciente da meditação.

❖ ❖ ❖

Em termos simples, tudo o que você tem de fazer é afastar os pensamentos que deseja destruir, substituindo-os por pensamentos construtivos. Esta é a chave do céu; ela está em suas mãos.

Introspecção: o segredo do progresso

A primeira coisa a fazer é praticar a introspecção. Faça um balanço de si mesmo e de seus atos e descubra o que está atrapalhando o seu caminho. Frequentemente é a inércia ou a falta de atenção e de esforço íntegros e claros. Às vezes existem hábitos que precisam ser arrancados do jardim de sua vida, como as ervas daninhas, a fim de que a verdadeira felicidade possa deitar raízes com mais firmeza.

❖ ❖ ❖

Um dos segredos do progresso é a autoanálise. A introspecção é um espelho que reflete o recôndito da mente, que de outra forma permaneceria oculto para você. Faça um diagnóstico de suas falhas e separe as boas tendências das más. Analise o que você é, o que deseja tornar-se e as fraquezas que o estão impedindo.

❖ ❖ ❖

Milhões de pessoas nunca analisam a si próprias. Mentalmente, são produtos mecânicos da fábrica do ambiente em que vivem, preocupadas com o café da manhã, almoço e jantar, trabalhando, dormindo, indo daqui para ali a fim de se divertirem. Elas não sabem o que nem por que estão procurando, e tampouco compreendem por que jamais encontram felicidade perfeita ou satisfação duradoura. Esquivando-se da autoanálise, elas permanecem como robôs, condicionadas pelo seu meio. A verdadeira autoanálise é a melhor arte do progresso.

Todos deveriam aprender a se analisar desapaixonadamente. Anote diariamente seus pensamentos e aspirações. Descubra o que você é – não o que imagina ser! – justamente porque quer fazer de si mesmo aquilo que deveria ser. A maioria das pessoas não muda porque não vê seus próprios erros.

❖ ❖ ❖

Quem ainda não mantém um diário mental deve iniciar essa prática salutar. O conhecimento do quanto e de que maneira falhamos em nossas experiências diárias da vida pode estimular-nos a fazer maiores esforços para sermos aquilo que devemos ser. Mantendo esse diário e usando o discernimento para destruir os maus hábitos que geram dores e sofrimentos, tanto para nós como para os outros, poderemos nos livrar deles. Todas as noites deveríamos nos questionar: "Durante quanto tempo estive hoje com Deus?" Deveríamos analisar também quantos pensamentos profundos tivemos, quantos dos nossos deveres realizamos, quanto fizemos pelos outros, como enfrentamos as diversas situações do dia.

❖ ❖ ❖

Se olhar os gráficos de sua mente, você poderá ver se está progredindo diariamente. Você não quer se esconder de si mesmo. Você precisa saber exatamente como é. Mantendo um diário de suas práticas de introspecção, você será capaz de vigiar seus maus hábitos e estará mais bem preparado para destruí-los.

Vencendo as tentações

Às vezes parece difícil ser bom, enquanto é fácil ser mau; e também se tem a impressão de que renunciar às coisas ruins é como perder alguma coisa. Mas eu digo que você nada perderá a não ser as tristezas.

❖ ❖ ❖

Tudo o que os grandes mestres desaconselharam é como mel envenenado. E eu digo: "Não experimente". Você pode retorquir: "Mas é doce!" Bem, meu raciocínio é que, depois de experimentar sua doçura, ele o destruirá. O mal foi feito doce para iludi-lo. Você tem que usar seu discernimento para distinguir entre mel envenenado e aquilo que é do seu interesse. Evite o que acabará por lhe fazer mal e opte pelo que lhe dará liberdade e felicidade.

❖ ❖ ❖

Tristeza, doença e fracasso são o resultado natural das transgressões às leis de Deus. Sabedoria consiste em evitar tais violações e encontrar paz e felicidade dentro de você mesmo, por meio dos pensamentos e atos em harmonia com o seu Eu real.

❖ ❖ ❖

Sempre que houver um desejo avassalador em seu coração, (...) use o discernimento. Pergunte a si mesmo: "Esse desejo que estou procurando satisfazer é bom ou mau?"

❖ ❖ ❖

Desejos materiais encorajam nossos maus hábitos, sugerindo falsas esperanças de satisfação e felicidade. Nessas horas, cada qual deve convocar seus poderes de discernimento para desvendar a verdade: maus hábitos conduzem, em última análise, à infelicidade. Assim expostos, eles se tornam impotentes para dominar o homem com suas garras causadoras de infortúnios.

❖ ❖ ❖

Resistir às tentações não é a negação de todos os prazeres da vida, é ter controle superior sobre aquilo que realmente você quer fazer. Estou-lhe mostrando o caminho para a verdadeira liberdade, e não a falsa sensação de liberdade que, na verdade, o está compelindo a fazer o que os seus hábitos ditam.

❖ ❖ ❖

O velho método ortodoxo é negar a tentação, suprimi-la. Mas você precisa aprender a *controlar* essa tentação. Não é pecado ser tentado. Mesmo que fervilhe com tentação, você não é mau; mas se ceder a essa tentação, você se tornará temporariamente presa do poder do mal. Você precisa erigir à sua volta barreiras protetoras de sabedoria. Não há maior força que se possa empregar contra a tentação do que a sabedoria. O entendimento perfeito o fará chegar ao ponto em que nada possa tentá-lo a praticar ações que prometem prazer mas que no final só lhe causarão dor.

❖ ❖ ❖

Enquanto não tiver alcançado a sabedoria, quando vier a tentação você deve antes de tudo interromper a ação ou a vontade de agir, e *então* raciocinar. Se tentar raciocinar primeiro, será compelido, contra sua vontade, a fazer justamente o que não quer, pois a tentação vencerá a razão. Diga simplesmente: "Não!", levante-se e vá embora. Essa é a maneira mais segura de escapar do Demônio.[3]

3. Satã, a força consciente da ilusão que procura manter o homem na ignorância de sua verdadeira natureza. Ver *maya* no glossário.

Quanto mais desenvolver o poder de dizer "não" durante a intrusão da tentação, mais feliz você será, pois toda a alegria depende da capacidade de fazer o que a consciência lhe diz que você *deveria* fazer.

❖ ❖ ❖

Quando disser não à tentação, é *não* para valer. Não volte atrás. Os fracos desfibrados dizem *sim* o tempo todo. As grandes mentes, porém, estão repletas de *nãos*.

❖ ❖ ❖

Quando você decidir não fumar, nem comer desregradamente, nem mentir ou enganar os outros, seja firme nesses bons propósitos; não fraqueje. Um ambiente impróprio solapa a sua vontade e é um convite aos maus desejos. Viva com ladrões e você achará que esse é o único meio de vida. Mas conviva com pessoas divinas, e depois de alcançar a comunhão com Deus, nenhum outro desejo poderá tentá-lo.

❖ ❖ ❖

Se você tem um mau hábito ou inclinação cármica particular, não se misture com pessoas com esse mesmo tipo de mau hábito. Se tem tendência à gula, evite a companhia de outros glutões. Se tem vontade de beber, fuja dos que bebem. As pessoas que apoiam seus maus hábitos não são amigas. Elas o farão jogar fora a alegria de sua alma. Evite a companhia dos que agem mal e misture-se com os que são bons.

❖ ❖ ❖

A maior influência em sua vida, mais forte até mesmo do que sua força de vontade, é o seu ambiente. Mude-o, se necessário for.

❖ ❖ ❖

Existem duas espécies de meio ambiente que você deve observar cuidadosamente: o externo e o interno.

❖ ❖ ❖

Vigie os seus pensamentos. Todas as suas experiências permeiam os seus pensamentos. São os seus pensamentos que o elevam ou degradam.

❖ ❖ ❖

Você precisa ser mais forte do que os pensamentos e sugestões constantemente emitidos por outras pessoas. Essa é a maneira de dominar as vibrações equivocadas que penetram no seu ambiente.

❖ ❖ ❖

Pense em Deus como sendo Ele o seu ambiente. Seja uno com Deus e nada poderá lhe fazer mal.

❖ ❖ ❖

Toda ação tem uma contraparte mental. Executamos os nossos atos com a força física, mas essa atividade origina-se na mente e é guiada pelo comandante mental. O roubo é um mal, porém mal maior é o ato mental de roubar que dá início ao roubo físico, pois a mente é o verdadeiro executor. Expulse primeiro da mente toda ação que deseja evitar. Se você se concentrar somente na ação física, é muito difícil obter o controle. Concentre-se na mente: corrija seus pensamentos e automaticamente as ações serão corrigidas.

❖ ❖ ❖

Sempre que lhe ocorrer um mau pensamento, descarte-o. Então Satã nada poderá fazer contra você. Mas assim que pensar erradamente, você vai para Satã. Você está o tempo todo se movendo para a frente e para trás, entre o bem e o mal; para escapar, você precisa ir aonde Satã é incapaz de alcançá-lo: bem fundo no coração de Deus.

❖ ❖ ❖

A virtude e a pureza não se enraízam na fraqueza. Ao contrário, são qualidades vigorosas que combatem as forças do mal. Está em seu poder escolher quanta pureza, amor, beleza e alegria espiritual você expressará, não apenas por meio de seus atos, mas também por meio de seus pensamentos, sentimentos e desejos. (...) Mantenha a mente pura e achará o Senhor sempre com você. Você O ouvirá falando com você na linguagem do seu coração. Terá vislumbres Dele em cada flor e em cada arbusto, em cada folha de grama, em cada pensamento fugaz. "Bem-aventurados os puros de coração, porque eles verão a Deus."[4]

❖ ❖ ❖

A melhor maneira de vencer a tentação é por comparação. Medite mais e veja se a meditação não lhe dá mais felicidade.

❖ ❖ ❖

4. Mateus 5:8.

Revelando o que há de melhor em seu interior

Quando você interiorizar a mente [na meditação], começará a perceber que há muito mais maravilhas no interior do que no exterior.

❖ ❖ ❖

Se pelo menos você olhasse sua alma – o reflexo de Deus, completamente perfeito, dentro de você –, encontraria a satisfação de todos os seus desejos!

❖ ❖ ❖

Na ausência de alegria interior, os homens se voltam para o mal. A meditação no Deus de Bem-aventurança nos permeia de bondade.

❖ ❖ ❖

Por meio dos canais sensoriais, o ego procura satisfazer o insaciável anseio da alma por Deus. Longe de atingir seu objetivo, ele aumenta a infelicidade do homem. A fome da alma jamais pode ser aplacada por meio dos sentidos. Quando o homem compreende isso e domina o ego, isto é, quando alcança o autocontrole, sua vida se glorifica pela percepção da bem-aventurança divina, embora ele ainda permaneça na carne. Então, em vez de ser escravo dos desejos e apetites materiais, a atenção do homem se transfere para o coração da Onipresença, lá repousando para sempre, com a Alegria oculta em todas as coisas.

A atitude correta em relação a erros passados

Evite ruminar as coisas erradas que você tenha feito. Elas não lhe pertencem mais. Que sejam esquecidas. É a atenção que cria os hábitos e a memória. Assim que você coloca a agulha sobre um disco fonográfico, ele começa a tocar. A atenção é a agulha que toca o disco das ações passadas. Portanto, você não deve pôr sua atenção nas más ações. Por que continuar sofrendo com as ações insensatas do seu passado? Expulse de sua mente a lembrança delas, e tome o cuidado de não as repetir de novo.

❖ ❖ ❖

Talvez você esteja preocupado com os erros que cometeu, mas Deus não está. O que passou, passou. Você é filho Dele, e qualquer que tenha sido o seu erro, aconteceu porque não O conhecia. Deus não o acusa pelo mal praticado sob a influência da ignorância. Tudo o que Ele pede é que você não repita suas ações erradas. Ele só quer descobrir se você é ou não sincero na sua intenção de ser bom.

❖ ❖ ❖

"Esqueça o passado" [dizia Sri Yukteswar]. "As vidas pregressas de todos os homens estão manchadas por muitos atos vergonhosos. A conduta humana jamais será confiável enquanto o homem não se ancorar no Divino. Tudo vai melhorar no futuro se você estiver fazendo um esforço espiritual agora."

❖ ❖ ❖

Não se considere um pecador. Você é filho do Pai Celestial. Não importa que você seja o maior dos pecadores; esqueça isso. Se você decidiu ser bom, então já não é mais um pecador.[5] (...) Comece a partir do zero e diga: "Eu sempre fui bom; apenas sonhava que era mau". Isso é verdade: o mal é um pesadelo e não pertence à alma.

❖ ❖ ❖

Mesmo que seus erros sejam tão profundos quanto o oceano, a alma mesma não pode ser engolfada por eles. Tenha a determinação inquebrantável de progredir no seu caminho sem as travas dos pensamentos limitadores de erros passados.

❖ ❖ ❖

Você é uma centelha da Chama Eterna. Você pode ocultar a centelha, mas jamais poderá destruí-la.

❖ ❖ ❖

A escuridão pode reinar numa caverna por milhares de anos, mas leve a luz para lá e as trevas se esvaecerão como se nunca tivessem existido. Analogamente, quaisquer que sejam os seus defeitos, eles já não mais serão seus quando você levar para dentro a luz da bondade. Tão grande é a luz da alma que encarnações do mal não a podem destruir.

5. "Mesmo o malfeitor consumado que se afaste de tudo o mais para adorar exclusivamente a Mim pode ser contado entre os bons, em virtude de sua resolução correta. Ele se tornará rapidamente um homem virtuoso e obterá paz interminável. Assegura a todos, ó Arjuna, que Meu devoto jamais pereça!" (*Bhagavad Gita* IX:30-31).

❖ ❖ ❖

Não há pecado que não possa ser perdoado; não há mal que não possa ser superado, pois o mundo da relatividade não abriga absolutos.

❖ ❖ ❖

Deus nunca abandona ninguém. Quando você acredita, depois de ter pecado, que sua culpa seja imensurável, sem redenção; e quando o mundo declara que você não vale nada e que jamais chegará a ser qualquer coisa, pare um momento para pensar na Mãe Divina.[6] Diga a ela: "Mãe Divina, eu sou Teu filho, Teu filho travesso. Perdoa-me, por favor." Quando você apelar para o aspecto materno de Deus, não há réplica – você simplesmente derrete o Coração Divino. Mas Deus não o apoiará se continuar agindo mal. Ao rezar, você precisa abandonar as más ações.

❖ ❖ ❖

Os santos são pecadores que não se deram por vencidos. Sejam quais forem as dificuldades, se você não desistir, estará progredindo na sua luta contra a corrente. Lutar é ganhar a graça de Deus.

❖ ❖ ❖

Terá um diamante menos valor só por estar coberto de lama? Deus vê a beleza imutável da sua alma. Ele sabe que não somos os nossos erros.

❖ ❖ ❖

Por algumas encarnações você tem sido um ser humano, mas ao longo da eternidade tem sido filho

6. Ver glossário.

de Deus. Nunca se considere um pecador, pois o pecado e a ignorância são apenas pesadelos mortais. Quando despertarmos em Deus, veremos que nós – a alma, a consciência pura – jamais fizemos algo errado. Imaculados pelas experiências mortais, somos e sempre fomos filhos de Deus.

❖ ❖ ❖

Cada um de nós é filho de Deus. Nascemos do Seu Espírito, em toda a pureza, glória e alegria. Essa herança é inalienável. Condenar a si próprio como pecador, comprometido com o caminho do erro, é o maior de todos os pecados. A Bíblia diz: "Não sabeis vós que sois templo de Deus, e que o Espírito de Deus habita em vós?"[7] Lembre-se sempre: o Pai o ama incondicionalmente.

Criando bons hábitos e destruindo maus hábitos

Volte-se para Deus e você se verá rompendo as correntes dos hábitos e do ambiente. (...) O Eu identificado com o ego é prisioneiro; o Eu identificado com a alma é livre.

❖ ❖ ❖

A mente pode lhe dizer que você é incapaz de libertar-se de um hábito em especial, mas os

---

7. I Coríntios 3:16. No *Bhagavad Gita* XIII:22, 32, lemos: "O Espírito Supremo, transcendente e existente no corpo, é o Expectador à distância, o Anuente, o Sustentador, o Experimentador, o Grande Senhor e também o Eu Supremo. (...) O Eu, embora se localize em toda parte no corpo, é sempre imaculado."

hábitos são apenas repetições dos próprios pensamentos, e estes você tem a capacidade de mudar.

❖ ❖ ❖

A maioria das pessoas que decide parar de fumar ou de comer doces em demasia continua a realizar tais atos malgrado seus bons propósitos. Elas não mudam porque a sua mente, como um mata-borrão, absorveu os seus hábitos de pensar. Hábito significa que a mente acredita não poder se livrar de determinado pensamento. O hábito é tenaz, sem dúvida. Uma vez praticado, um ato deixa um efeito ou impressão na sua consciência. Como resultado dessa influência, você tem probabilidade de repetir esse ato.

❖ ❖ ❖

A repetida execução de uma ação cria uma configuração mental. Toda ação é executada mental e fisicamente, e a repetição de uma ação em particular e da imagem mental que a acompanha forma sutis caminhos elétricos no cérebro fisiológico, como se fossem as ranhuras de um disco fonográfico. Depois de um tempo, sempre que você puser a agulha da atenção nessas "ranhuras" de caminhos elétricos, ela tocará o "disco" da configuração mental original. Cada vez que uma ação se repete, essas "ranhuras" de trajetos elétricos se aprofundam, até que uma atenção mínima faz "tocar" automaticamente essas mesmas ações muitas e muitas vezes.

❖ ❖ ❖

Esses padrões fazem com que você se comporte de certo modo, frequentemente contra seu próprio desejo. Sua vida segue essas ranhuras que você mesmo criou no cérebro. Nesse sentido, você não é uma pessoa livre. Em maior ou menor grau, é vítima dos hábitos que formou. Dependendo da profundidade desses traçados, você é, na mesma proporção, um fantoche. Mas você pode neutralizar as imposições desses maus hábitos. Como? Criando em seu cérebro configurações mentais de bons hábitos opostos. E pode também apagar completamente, por meio da meditação, as "ranhuras" dos maus hábitos.

❖ ❖ ❖

Você precisa curar-se dos maus hábitos cauterizando-os com os bons hábitos opostos. Se tem, por exemplo, o mau hábito de mentir e por causa disso tem perdido muitos amigos, comece a praticar o bom hábito de dizer a verdade.

❖ ❖ ❖

Enfraqueça um mau hábito evitando tudo que o ocasiona ou o estimula, sem se concentrar nele em seu afã de evitá-lo. Em seguida, desvie a sua mente para algum hábito bom e cultive-o firmemente até que ele se torne uma parte confiável de você.

❖ ❖ ❖

Mesmo um mau hábito leva tempo para predominar; logo, por que se impacientar com o desenvolvimento vagaroso do bom hábito oposto? Não se desespere com os seus hábitos indesejáveis; simplesmente deixe de alimentá-los e fortalecê-los por meio da repetição. O tempo necessário à formação de hábitos varia de acordo com o cérebro e o sistema nervoso do indivíduo, sendo determinado sobretudo pela qualidade da atenção.

❖ ❖ ❖

Por meio do poder de uma atenção profunda e educada pela concentração, qualquer hábito pode se estabelecer – quer dizer, novos traçados podem ser feitos no cérebro – quase instantaneamente e à vontade.

❖ ❖ ❖

Quando quiser criar um bom hábito ou destruir um mau hábito, concentre-se nas células cerebrais, o depósito dos mecanismos dos hábitos. Para criar um bom hábito, medite; e então, com a concentração fixada no centro crístico, o centro da vontade entre as sobrancelhas, afirme com profundidade o bom hábito que quer implantar. E quando quiser destruir um mau hábito, concentre-se no centro crístico e afirme, com profundidade, que todas as ranhuras dos maus hábitos estão sendo apagadas.

❖ ❖ ❖

Por meio da concentração e da força de vontade, pode-se apagar até mesmo as ranhuras profundas de hábitos antigos. Se você é viciado em fumar, por exemplo, diga a si mesmo: "Por muito tempo o hábito de fumar tem estado alojado em meu cérebro. Agora coloco toda a minha atenção e concentração em meu cérebro e *quero* que este hábito seja desalojado." Comande assim a sua mente, repetidas vezes. A melhor hora do dia para fazer isso é pela manhã, quando a força de vontade e a atenção estão descansadas. Afirme repetidamente sua liberdade, usando todo o vigor da sua força de vontade. Um dia, de repente, você sentirá que já não está preso na armadilha desse hábito.

❖ ❖ ❖

Se quiser realmente livrar-se dos maus hábitos atuais (...) você não tem recurso melhor do que a meditação. Cada vez que se medita profundamente em Deus, mudanças benéficas ocorrem na configuração do cérebro.

❖ ❖ ❖

Medite sobre o pensamento "Eu e meu Pai somos um", tentando sentir uma grande paz e em seguida uma grande alegria no coração. Quando essa grande alegria chegar, diga: "Pai, Tu estás comigo. Ordeno que Teu poder em mim cauterize, nas células do meu cérebro, os hábitos errôneos e as sementes das tendências passadas." O poder de Deus na meditação fará isso. Livre-se da consciência limitadora de que é homem ou mulher; *saiba* que é filho de Deus. Então afirme mentalmente e ore a Deus: "Ordeno às minhas células cerebrais que mudem, que destruam as ranhuras dos maus hábitos que fizeram de mim um fantoche. Ó Senhor, incinera-os em Tua luz divina!"

❖ ❖ ❖

Suponha que o seu problema é deixar-se tomar pela ira frequentemente e depois sentir-se culpado por ter perdido a calma. Todas as noites e manhãs decida evitar a ira, e então vigie-se cuidadosamente. O primeiro dia poderá ser difícil, mas o segundo poderá ser um pouco mais fácil. O terceiro será ainda mais fácil. Depois de alguns dias você verá que a vitória é possível. Ao fim de um ano, se mantiver o esforço, você será outra pessoa.

Oração para obter sabedoria judiciosa

Dá-me sabedoria para que eu siga alegremente os caminhos da justiça. Que eu desenvolva a faculdade de discernimento própria da alma que detecta o mal, mesmo em suas formas mais sutis, e que me guia para os caminhos humildes da bondade.

Afirmação para eliminar maus hábitos

[Paramahansa Yogananda encerrou uma de suas palestras públicas sobre a superação dos hábitos dirigindo-se à plateia com as seguintes palavras:]

Fechem os olhos e pensem num mau hábito do qual queiram livrar-se. (...) Afirmem comigo: "Estou livre deste hábito agora! Estou livre!" Sustentem esse pensamento de liberdade, esqueçam o mau hábito.

Repitam comigo: "Remodelarei minha consciência. Neste ano novo, sou uma nova pessoa. E mudarei minha consciência repetidas vezes, até que tenha lançado fora todas as trevas da ignorância e manifestado a fulgurante luz do Espírito, à imagem do qual fui feito."

Oração

Ó Instrutor Divino, faz-me compreender que, embora a tristeza da minha ignorância seja antiquíssima, com o alvorecer da Tua luz as trevas desaparecerão como se nunca tivessem existido.

Capítulo 10

Felicidade

Se você desistiu de ter a esperança de ser feliz um dia, anime-se. Jamais perca a esperança. Sua alma, reflexo do Espírito eternamente cheio de alegria, é, em essência, a própria felicidade.

❖ ❖ ❖

Se é felicidade o que você deseja, tenha-a! Não há nada que possa detê-lo.

Atitudes mentais positivas

A felicidade depende até certo ponto de condições externas, mas depende sobretudo das atitudes mentais.

❖ ❖ ❖

De acordo com a ciência espiritual, a atitude mental é tudo. (...) Treine a mente para permanecer neutra em qualquer situação. A mente é como um mata-borrão, que absorve rapidamente a cor de qualquer tinta. A maioria das mentes absorve a cor do ambiente em que vive. Mas não há desculpa para a mente ser derrotada pelas circunstâncias externas. Se sua atitude mental muda constantemente sob a pressão dos testes, você está perdendo a batalha da vida.

❖ ❖ ❖

Felicidade

Uma forte determinação de ser feliz o ajudará. Não espere que as circunstâncias mudem, pensando falsamente que nelas reside o problema.

❖ ❖ ❖

Mude seus pensamentos se desejar mudar suas circunstâncias. Uma vez que é o único responsável por seus pensamentos, somente você poderá mudá--los. Você vai querer fazê-lo quando compreender que cada pensamento cria as coisas de acordo com a sua própria natureza. Lembre-se de que essa lei atua sempre e que você está sempre se expressando de acordo com a espécie de pensamentos que tem habitualmente. Portanto, comece agora a ter apenas os pensamentos que lhe trarão saúde e felicidade.

❖ ❖ ❖

O homem precisa compreender que sua própria inteligência controla os átomos do corpo. Ele não deveria se confinar na estreiteza de sua câmara mental. Respire o ar puro dos pensamentos vitais e das opiniões de outras pessoas. Elimine os pensamentos venenosos do desânimo, do descontentamento, da desesperança. Beba vitalidade e receba a nutrição de mentes que progrediram material e espiritualmente. Banqueteie-se fartamente com os pensamentos criativos existentes dentro de você e dos outros. Faça longos passeios mentais pelas veredas da autoconfiança. Exercite-se com os instrumentos do juízo, da introspecção e da iniciativa.

❖ ❖ ❖

A mente, sendo o cérebro, a sensibilidade e a percepção de todas as células vivas, pode manter o corpo humano bem disposto ou deprimido. A mente é a rainha, e todos os seus súditos celulares se comportam exatamente de acordo com os ditames da real senhora. Assim como nos preocupamos com o valor nutritivo de nossas refeições diárias, deveríamos igualmente considerar o potencial nutritivo do cardápio psicológico que diariamente servimos à mente.

❖ ❖ ❖

A natureza da alma é a bem-aventurança: um estado interior de alegria sempre-nova, sempre cambiante. (...) Estabeleça a consciência inconstante na imutável tranquilidade interior que você possui, que é o trono de Deus; depois deixe que a alma manifeste bem-aventurança dia e noite.

❖ ❖ ❖

Se você não optar por ser feliz, ninguém poderá torná-lo feliz. Não culpe Deus por isso! E se optar por ser feliz, ninguém poderá torná-lo infeliz. Se Ele não nos tivesse dado liberdade para usarmos nossa própria vontade, poderíamos culpá-Lo quando nos sentíssemos infelizes; mas Ele certamente nos deu essa liberdade. Nós é que fazemos da nossa vida o que ela é.

❖ ❖ ❖

Muitas vezes ficamos sofrendo sem fazer um esforço para mudar. É por isso que não encontramos paz e contentamento duradouros. Se perseverássemos, certamente seríamos capazes de superar todas as dificuldades. Precisamos nos esforçar para passar da infelicidade à felicidade, do desânimo à coragem.

❖ ❖ ❖

O riso do Deus infinito precisa vibrar em seu sorriso. Que a brisa do amor divino espalhe seus sorrisos no coração dos seres humanos. Seus sorrisos divinos serão contagiantes; seu fogo arrebatará a melancolia dos corações alheios.

❖ ❖ ❖

As pessoas de caráter forte são em geral as mais felizes. Não culpam os outros pelas dificuldades que geralmente podem remontar às suas próprias ações e à sua falta de compreensão. Elas sabem que ninguém tem nenhum poder para acrescentar ou subtrair algo da felicidade delas, a menos que elas próprias sejam tão fracas que permitam que os pensamentos adversos e as ações maldosas dos outros as afetem.

❖ ❖ ❖

Lembre-se: por mais que as coisas tenham dado errado na sua vida, você não tem o direito de ser temperamental. Em sua mente, você pode ser um conquistador. Quando é derrotada, a pessoa temperamental admite a derrota. Mas a pessoa cuja mente se mantém invencível, mesmo que o mundo esteja em cinzas a seus pés, ainda é a vencedora.

❖ ❖ ❖

Sua suprema felicidade consiste em estar sempre pronto para aprender e para comportar-se de maneira apropriada. Quanto mais você se aperfeiçoar, mais elevará os demais à sua volta. O homem que se aperfeiçoa é cada vez mais um homem feliz. E quanto mais feliz você se tornar, mais felizes serão as pessoas à sua volta.

❖ ❖ ❖

Evite ver a vida de modo negativo. Por que olhar para os esgotos quando há tantas coisas adoráveis à nossa volta? Pode-se achar defeito até nas maiores obras-primas da arte, da música e da literatura. Mas não é melhor usufruir do seu encanto e glória?

❖ ❖ ❖

Quase todo mundo conhece a figura dos três macaquinhos que ilustram o provérbio: "Não veja o mal, não ouça o mal, não fale o mal". Dou ênfase à abordagem positiva: "Veja o que é bom, ouça o que é bom, fale o que é bom".

❖ ❖ ❖

O bem e o mal, o positivo e o negativo, ambos existem neste mundo. Tentando manter a consciência positiva, muitas pessoas ficam com um medo irracional de pensamentos negativos. É inútil negar que eles existem, mas você tampouco deve temê-los. Use o seu discernimento para analisar os pensamentos equivocados; e depois acabe com eles.

❖ ❖ ❖

A vida tem um lado claro e um lado escuro, pois o mundo da relatividade é feito de luz e sombras. Se permitirem que seus pensamentos residam no mal, vocês mesmos se tornarão repulsivos.

Busquem somente o bem em todas as coisas, para que possam absorver a qualidade da beleza.

❖ ❖ ❖

Pensar, ler e repetir afirmações verdadeiras com profunda atenção ajuda a eliminar a negatividade e a estabelecer uma atitude positiva em sua mente. Repita as preces e afirmações com profunda concentração, até que você estabeleça um hábito de pensamento, até que se torne tão natural para você pensar do modo correto quanto havia sido, anteriormente, pensar negativamente.

Libertando-se dos estados negativos de humor

A alegria sempre-nova de Deus inerente à alma é indestrutível. Assim também, sua manifestação na mente nunca poderá ser destruída se a pessoa souber como se prender à alegria e não mudar deliberadamente sua atitude mental, tornando-se triste ao alimentar um humor caprichoso.

❖ ❖ ❖

Você é uma imagem de Deus e deveria comportar-se como um deus. Mas o que acontece? Logo de manhã cedo, perde a calma e reclama: "Meu café está frio!" Que importa? Por que se alterar por uma coisa tão pequena? Cultive a equanimidade mental, ficando absolutamente calmo, livre de toda ira. Isso é o que você quer. Não deixe nada nem ninguém tirá-lo do sério. Nisso consiste a sua paz. Não permita que nada a usurpe de você.

❖ ❖ ❖

Ressuscite da mesquinhez da vida, das coisas sem importância que o perturbam.

❖ ❖ ❖

Ninguém *gosta* de infelicidade. Por que não se analisar da próxima vez que estiver de mau humor? Você verá como está total e deliberadamente fazendo-se infeliz. E enquanto você faz isso, os demais à sua volta sentem o desprazer do seu estado mental. (...) Você precisa remover o mau humor do seu espelho mental.

❖ ❖ ❖

Sempre pense em sua mente como um jardim e a mantenha bela e perfumada com pensamentos divinos. Não deixe que se torne uma poça de lama empestada de odiosos humores. Se você cultivar as flores celestiais perfumadas de paz e amor, a abelha da Consciência Crística[1] virá furtivamente ao seu jardim. Assim como as abelhas procuram apenas as flores que o mel torna doces, Deus só vem quando a sua vida é adoçada pelo mel de seus pensamentos.

❖ ❖ ❖

Cada tipo de humor tem uma causa específica, e ela está dentro de sua própria mente.

❖ ❖ ❖

A introspecção deve ser uma prática diária, para que a pessoa compreenda a natureza de seus humores e aprenda a corrigi-los, se forem nocivos. Talvez você se encontre num estado mental

---

1. A consciência de Deus, onipresente na criação. Ver glossário.

de indiferença. Não importa a sugestão que lhe deem, você não se interessa. É necessário, então, fazer um esforço consciente para criar algum interesse positivo. Cuidado com a indiferença, que fossiliza seu progresso na vida, paralisando a sua força de vontade.

Talvez sua disposição seja de desânimo provocado por doença; o sentimento de que você nunca vai recuperar a saúde. Você precisa tentar aplicar as leis do viver correto que levam a uma vida moral, ativa e saudável, e orar por maior fé no poder curativo de Deus.

Ou suponhamos que no seu estado mental predomine a convicção de que você é um fracasso e jamais terá êxito na vida. Analise o problema e veja se você realmente fez todo o esforço que poderia ter feito.

❖ ❖ ❖

Você pode dominar o mau humor, por mais terrível que ele seja. Decida que não vai mais ser temperamental; e se o mau humor surgir a despeito de sua resolução, analise a causa dele e tome uma providência construtiva.

❖ ❖ ❖

O pensamento criativo[2] é o melhor antídoto contra o mau humor. O mau humor toma conta de sua consciência quando você está num estado mental negativo ou passivo. A hora em que sua mente está vazia é exatamente a hora em que ela pode ficar temperamental; e quando você é

---

2. Ver também páginas 77-80.

temperamental, o diabo vem e adquire influência sobre você. Portanto, desenvolva o pensamento criativo. Sempre que não estiver fisicamente ativo, faça algo de criativo em sua mente. Mantenha a mente ocupada de maneira que não haja tempo para acalentar predisposições negativas.

❖ ❖ ❖

Quando está pensando criativamente, você não sente o corpo ou os humores; você fica sintonizado com o Espírito. Nossa inteligência humana foi feita à imagem da inteligência criadora Dele, por meio da qual todas as coisas são possíveis. E se não vivermos nessa consciência, nós nos tornamos um feixe de humores. Ao pensarmos criativamente, destruímos esses humores.

❖ ❖ ❖

Lembre-se de que quando você se sente infeliz é geralmente porque não visualiza, com a intensidade necessária, as coisas importantes que você tem certeza que quer realizar na vida, nem emprega, com suficiente perseverança, sua força de vontade, sua habilidade criadora e sua paciência, até que os seus sonhos se materializem.

❖ ❖ ❖

Mantenha-se ocupado com coisas construtivas para o seu próprio desenvolvimento e também para o benefício alheio, pois quem deseja entrar no reino de Deus precisa também procurar diariamente fazer o bem aos outros. Se observar esse padrão de conduta, sentirá a reconfortante alegria de saber que está avançando mental, física e espiritualmente.

Serviço ao próximo

A felicidade consiste em fazer os outros felizes, em abandonar os nossos interesses egoístas para dar alegria aos demais.

❖ ❖ ❖

Proporcionar felicidade aos outros é de suma importância para a nossa própria felicidade, além de ser uma experiência gratificante. Algumas pessoas só pensam na própria família – nós e mais ninguém. Outros se preocupam apenas consigo: "Como é que vou ser feliz?" Mas são justamente essas pessoas que não alcançam a felicidade!

❖ ❖ ❖

Viver só para si mesmo é a origem de todo o sofrimento.

❖ ❖ ❖

Prestando serviço aos outros, espiritual, mental e materialmente, você encontrará suas próprias necessidades atendidas. À medida que esquecer de si mesmo servindo aos outros, descobrirá que, sem ter procurado, a taça de sua própria felicidade ficará repleta.

❖ ❖ ❖

Quando chegou a este mundo, você chorava e todos os demais sorriam. Você deve viver de tal modo que, ao partir, todos chorem, mas você sorria.

❖ ❖ ❖

Quanto mais profundamente meditar e quanto mais boa vontade tiver para servir, mais feliz você será.

As condições internas da felicidade

Aprenda a levar consigo todas as condições da felicidade por meio da meditação e da sintonia de sua consciência com a Alegria eterna, sempre-consciente e sempre-nova que é Deus. Sua felicidade nunca deveria depender de quaisquer influências externas. Qualquer que seja seu ambiente, não permita que sua paz interior seja afetada por ele.

❖ ❖ ❖

Quando tem domínio sobre os seus sentimentos, você permanece em seu verdadeiro estado. O real estado do Eu, a alma, é bem-aventurança, sabedoria, amor, paz. É ser tão feliz que, não importa o que esteja fazendo, você sente prazer. Não é isso muito melhor do que passar aturdido pelo mundo como um demônio inquieto, incapaz de achar satisfação nas coisas? Quando está centrado em seu verdadeiro ser, você executa todas as tarefas e aprecia todas as coisas boas com a alegria de Deus. Impregnado com a Sua inebriante bem-aventurança, você executa contente todas as ações.

❖ ❖ ❖

Na vida espiritual a pessoa se torna como uma criança – sem ressentimentos, sem apegos, cheia de vida e alegria.

❖ ❖ ❖

Felicidade

A verdadeira felicidade é capaz de enfrentar os desafios de todas as experiências. Quando conseguir ser crucificado pelos atos errôneos de outrem contra você, e mesmo assim retribuir com amor e perdão; e quando for capaz de manter intacta a divina paz interior, apesar das dolorosas agressões causadas pelas circunstâncias externas, então você conhecerá essa felicidade.

❖ ❖ ❖

Permaneça tranquilo e silencioso [em meditação] todas as noites durante meia hora no mínimo, de preferência por mais tempo, antes de ir se deitar; e novamente pela manhã, antes de começar as atividades diárias. Isso produzirá um invencível e inquebrantável hábito interno de felicidade, que o tornará capaz de enfrentar todas as situações difíceis da luta diária pela vida. Com essa imutável felicidade interior, vá atender às demandas das suas necessidades diárias.

❖ ❖ ❖

Se mantiver fechados os olhos da sua concentração, você não poderá ver o sol da felicidade ardendo no seu seio; mas não importa quão apertados estejam os olhos da sua atenção, permanece o fato de que os raios da felicidade estão sempre tentando penetrar pelas portas fechadas de sua mente. Abra as janelas da tranquilidade e você verá uma irrupção do brilhante sol da alegria no interior do seu próprio Eu.

❖ ❖ ❖

Os alegres raios da alma podem ser percebidos quando você interioriza sua atenção. Você pode ter estas percepções se treinar a mente para apreciar o belo cenário de pensamentos no reino invisível e intangível dentro de você. Não procure a felicidade apenas em roupas bonitas, casas limpas, jantares deliciosos, almofadas macias e objetos luxuosos. Eles aprisionarão sua felicidade atrás das grades da superficialidade externa.

❖ ❖ ❖

Eu aprecio o que quer que Deus me dê, mas não sinto falta de nada quando acaba. Uma vez me deram um belo casaco e um chapéu: um conjunto caro. Aí começou minha preocupação. Eu tinha que cuidar para não rasgar nem sujar a roupa, o que me incomodava um pouco. Eu dizia: "Senhor, por que me deste este aborrecimento?" Certo dia, fui fazer uma conferência no *Trinity Hall*, em Los Angeles. Chegando lá, ao tirar o casaco, o Senhor me disse: "Tire tudo dos bolsos". Eu obedeci. Quando voltei à chapeleira, depois da palestra, o casaco tinha desaparecido. Fiquei irritado, e alguém disse:

– Não se preocupe, nós lhe daremos um outro.

E respondi:

– Não estou irritado porque perdi o casaco, mas porque a pessoa que o levou se esqueceu de levar também o chapéu que combina com ele!

Não deixe que os sentimentos o governem. Como pode ser feliz se está todo o tempo preocupado com as suas roupas ou outros pertences? Vista-se decentemente com roupas limpas e esqueça-se delas; limpe a sua casa e esqueça-a.

Felicidade

❖ ❖ ❖

Quanto mais depender das condições externas para a sua felicidade, menos felicidade você experimentará.

❖ ❖ ❖

Se você pensa que pode viver feliz esquecendo-se de Deus, está enganado, pois chorará na solidão, vezes sem conta, até compreender que Deus é tudo em tudo – a única realidade no Universo. Você foi feito à Sua imagem. Jamais encontrará felicidade duradoura em *coisa* alguma, porque nada é completo, exceto Deus.

❖ ❖ ❖

A felicidade pura que eu encontro na comunhão com o Senhor não pode ser descrita com palavras. Dia e noite estou em estado de alegria. Essa alegria é Deus. Conhecê-Lo é realizar os ritos fúnebres de todas as suas tristezas. Ele não exige que você seja estoico e melancólico. Esse não é o conceito correto de Deus, nem a maneira de agradá-Lo. Se você não for feliz, não será nem mesmo capaz de encontrá-Lo. (...) Quanto mais feliz você for, maior será a sua sintonia com Ele. Os que O conhecem estão sempre felizes, porque Deus é a própria alegria.

Afirmações

Desde o começo do alvorecer, irradiarei minha alegria a todos que eu hoje encontrar. Serei a luz do sol mental para todos os que cruzarem meu caminho neste dia.

❖ ❖ ❖

Formo novos hábitos de pensar vendo o bem em tudo e contemplando todas as coisas como a ideia perfeita de Deus tornada manifesta.

❖ ❖ ❖

Decidirei ser feliz em meu próprio interior agora mesmo, onde hoje estou.

Capítulo 11

Dar-se bem com os demais

A felicidade suprema, depois da felicidade divina, é estar em paz com os que nos são próximos, aqueles com quem temos de conviver todos os dias do ano. Quando as pessoas tentam manusear a complicadíssima máquina dos sentimentos humanos sem qualquer treinamento, os resultados são muitas vezes desastrosos. Poucas pessoas compreendem que o principal para nossa felicidade está na arte de entender as leis do comportamento humano. É por isso que tantas pessoas se encontram frequentemente "em maus lençóis" com seus amigos e, pior ainda, em constante guerra com os entes queridos em casa.

Lidando com relacionamentos desarmoniosos

A lei básica para um comportamento humano correto é a autorreforma. Sempre que houver qualquer dificuldade no nosso relacionamento com amigos ou familiares, deveríamos interiormente nos censurar por nos termos colocado numa situação desagradável e tentar sair dela o mais rápida e elegantemente possível. É inútil agravar o problema reprovando os outros com gritos, falta de amabilidade e cortesia, mesmo quando achamos que a culpa é deles. Aos entes queridos que sejam geniosos podemos ensinar a corrigirem suas falhas dando-lhes um bom exemplo, e isso é cem vezes melhor do que utilizar palavras ásperas ou presunçosas.

❖ ❖ ❖

Quando há um conflito, pelo menos duas partes estão envolvidas. Portanto, não há briga se você se recusa a participar.

❖ ❖ ❖

Se alguém se dirigir a você numa linguagem injuriosa, guarde silêncio ou diga: "Desculpe-me se fiz alguma coisa que o ofendeu", e então fique calado.

❖ ❖ ❖

O homem espiritualizado vence a ira com a calma, extingue querelas com o silêncio, dispersa a desarmonia com palavras suaves e envergonha a descortesia mostrando consideração para com os outros.

❖ ❖ ❖

Não existe ação mais libertadora do que sinceramente oferecer às pessoas gentileza em resposta a grosseria.

❖ ❖ ❖

Nunca seja mesquinho. Não alimente ressentimentos contra quem quer que seja. Prefiro pecadores de bom coração às chamadas pessoas boas que sejam intolerantes e destituídas de compaixão. Ser espiritualizado é ter mente aberta, compreender e perdoar, e ser amigo de todos.

❖ ❖ ❖

Todo o governo romano não teria podido provocar descortesia em Cristo. Até mesmo em favor dos que o crucificaram, ele orou: "Pai, perdoa-lhes, porque não sabem o que fazem".[1]

❖ ❖ ❖

Polidez, sincera cortesia interior e boa vontade constante são as panaceias apropriadas contra todo mau comportamento.

❖ ❖ ❖

Na maioria das vezes, as pessoas falam e agem partindo de seu próprio ponto de vista. Raramente veem ou procuram ver o lado da outra pessoa. Se, por falta de compreensão, você entrar em conflito com alguém, lembre-se de que é tão culpado quanto o outro, independentemente de quem começou a discussão. "Os tolos altercam; os sábios trocam ideias."

❖ ❖ ❖

Ter um temperamento calmo não significa que você sempre sorria e concorde com toda gente, não importa o que digam essas pessoas – você contempla a verdade, mas não quer aborrecer ninguém com ela. Isso é um exagero. Os que tentam agir dessa maneira para agradar a todos, com o desejo de conquistar louvores graças ao seu bom gênio, não têm necessariamente o controle dos próprios sentimentos. (...) Quem quer que controle os sentimentos segue a verdade, proclama essa verdade sempre que pode e evita aborrecer desnecessariamente

---

1. Lucas 23:34.

quem quer que, de todo modo, não seja receptivo. Ele sabe quando falar e quando calar, mas nunca compromete seus próprios ideais nem sua paz interna. Tal pessoa é uma força em favor do bem neste mundo.

❖ ❖ ❖

Deveríamos nos tornar atraentes usando as finas roupagens de uma linguagem genuinamente cortês. Deveríamos, em primeiro lugar, ser corteses para com nossos parentes próximos. Sendo capazes disso, habitualmente seremos gentis com todas as pessoas. A verdadeira felicidade familiar baseia-se no altar do entendimento e das palavras gentis. Não é necessário concordar com tudo a fim de exibir amabilidade. Um silêncio tranquilo, sinceridade e palavras amáveis, quer a pessoa esteja concordando ou discordando, identifica quem sabe comportar-se.

❖ ❖ ❖

Se quer ser amado, comece por amar aqueles que necessitam do seu amor. (...) Se quer que os outros simpatizem com você, comece por mostrar simpatia para com as pessoas ao seu redor. Se quer ser respeitado, você precisa aprender a ser respeitoso com todos, jovens e idosos. (...) Seja o que for que deseje que os outros sejam, seja isso você primeiro. Verá, então, que os outros lhe respondem de maneira semelhante.

Desenvolvendo uma personalidade harmoniosa

Seja genuinamente amistoso quando estiver com os outros. Nunca seja rabugento. Você não precisa gargalhar como uma hiena, mas também não fique de cara fechada. Simplesmente sorria, seja amável e gentil. Contudo, sorrir exteriormente quando na verdade sente raiva ou mágoa interiormente é hipocrisia. Se quiser ser digno de estima, seja sincero. A sinceridade é uma qualidade da alma que Deus deu a todo ser humano, mas nem todos a manifestam. Acima de tudo, seja humilde. Mesmo que tenha admirável força interior, não oprima os demais com sua natureza forte. Seja calmo e tenha consideração com eles. Essa é a maneira de desenvolver o magnetismo que fará com que gostem de você.

❖ ❖ ❖

Não tente dar-se bem com os outros adotando atitudes artificiais. Simplesmente seja afetuoso, sempre pronto para ajudar, e sature-se de comunhão divina. Logo você descobrirá que está se dando bem com todos em seu ambiente.

❖ ❖ ❖

No seu relacionamento com os outros é extremamente necessário reconhecer e apreciar as características que eles esculpiram em si próprios. Se analisar as pessoas com a mente aberta, você as compreenderá melhor e terá mais facilidade em se dar bem com elas. Instantaneamente será capaz de dizer com que tipo de pessoa está tratando e saberá como lidar com ela. Não converse sobre corridas de cavalos com um filósofo, nem de problemas domésticos com um cientista. Descubra o que interessa ao indivíduo e converse com ele sobre isso, não necessariamente sobre o que interessa a você.

❖ ❖ ❖

Quando conversar com alguém, não fale demais sobre você mesmo. Procure falar de um assunto que interesse à outra pessoa. E ouça. Esse é o modo de ser atraente. Você verá como a sua presença será solicitada.

❖ ❖ ❖

O complexo de inferioridade nasce da secreta consciência de uma fraqueza, real ou imaginária. Na tentativa de compensar essa fraqueza, a pessoa pode construir em torno de si uma armadura de falso orgulho e ostentar um ego exagerado. Então, os que não compreendem a verdadeira causa de tal atitude podem dizer que a pessoa tem complexo de superioridade. Ambas as manifestações de sua desarmonia interna são destrutivas do desenvolvimento do Eu. Ambas são alimentadas pela imaginação e pela ignorância dos fatos, ao passo que nenhuma delas é parte da verdadeira e onipotente natureza da alma. Baseie sua autoconfiança na realização verdadeira acrescida da convicção de que o seu Eu real (a alma) não pode ser "inferior" de modo algum; então você se libertará de todos os complexos.

❖ ❖ ❖

Se a maioria das pessoas acha que você tem uma personalidade pouco atraente, analise-se. É possível que haja traços no seu jeito de ser que desagradam aos demais. Talvez você fale demais, ou goste de intrometer-se na vida alheia ou, ainda, tenha o costume de apontar os defeitos dos outros, além de lhes dizer como deveriam viver sua vida, sem aceitar sugestão para melhorar a si mesmo. Eis alguns exemplos de traços psicológicos que nos tornam antipáticos aos outros.

❖ ❖ ❖

Consideração pelos outros é uma qualidade maravilhosa. É o maior atrativo que você pode ter. Pratique-a! Se alguém está com sede, a pessoa solícita se antecipa e lhe oferece algo para beber. Consideração significa percepção e atenção em relação aos outros. A pessoa que tem consideração, quando em companhia dos outros, terá uma percepção intuitiva das necessidades alheias.

❖ ❖ ❖

Pratique a consideração e a bondade até que você seja como uma bela flor que todos gostam de ver. Seja a beleza que está na flor e o poder de atração que há na mente pura. Quando você for atraente desse modo, sempre terá amigos verdadeiros. Você será amado tanto pelas pessoas quanto por Deus.

Superando as emoções negativas

Tudo o que partir de você voltará a você. Odeie e receberá ódio em troca. Quando se deixa invadir por emoções e pensamentos desarmoniosos, você está se destruindo. Por que odiar ou ter raiva de alguém? Ame seus inimigos. Por que arder no calor da ira? Se ficar com raiva, trate de superar esse estado imediatamente. Saia para uma caminhada, conte até dez ou quinze, ou desvie a mente para algo agradável. Abandone o desejo de represália. Quando você se encoleriza, o cérebro se superaquece, o coração tem problemas com as válvulas, todo o seu corpo se desvitaliza. Irradie paz e bondade, pois essa é a natureza da imagem de Deus dentro de você – sua verdadeira natureza. Então ninguém poderá perturbá-lo.

❖ ❖ ❖

Sempre que sentir ciúmes, você é cúmplice da ilusão cósmica de Satã.[2] Sempre que estiver com raiva, é Satã quem o guia. (...) Cada vez que a voz do ciúme, do temor ou da ira falar, lembre-se que essa não é a sua voz. Ordene que ela se vá, mas você não será capaz de expulsar esse mal, por mais que tente, enquanto abrigar na mente esse sentimento negativo. Erradique de dentro de você o ciúme, o temor e a ira de modo que, quando um impulso maligno mandá-lo odiar ou ferir, outra voz interna mais forte lhe diga para amar e perdoar. Escute *essa* voz.

❖ ❖ ❖

O ciúme provém de um complexo de inferioridade e se expressa por meio da suspeita e do medo. Significa que a pessoa tem medo de não poder se manter no seu relacionamento com os outros,

---

2. Ver *maya* no glossário.

seja ele conjugal, filial ou social. Se sentir motivo para ter ciúme de alguém – por exemplo, se teme que a pessoa amada transfira sua atenção a outrem – primeiro empenhe-se em compreender se falta alguma coisa dentro de si próprio. Aprimore-se. Desenvolva-se. A única maneira de conservar o afeto ou o respeito de outra pessoa é aplicar a lei do amor e merecer o reconhecimento dela mediante o autoaprimoramento. (...) A satisfação resulta do aperfeiçoamento constante de si, de modo que, ao invés de ter que procurar os outros, eles é que vão procurá-lo.

❖ ❖ ❖

Mesmo enquanto se empenha em melhorar, aprenda a ser ímpar, confiante em suas próprias virtudes e em seu próprio valor. Se quer que os outros acreditem em você, lembre-se: não são apenas as suas palavras que produzem efeito, mas sim o que você é e o que você sente interiormente – o que está em sua alma. Procure ser sempre um anjo no seu interior, não importa como os outros ajam. Seja sincero, gentil, afetuoso e compreensivo.

❖ ❖ ❖

Quando alguém se aproximar de você com raiva, mantenha o autocontrole. "Não vou me exaltar. Continuarei expressando calma até que os sentimentos dessa pessoa mudem."

❖ ❖ ❖

Quando um ente querido (...) testa nossa paciência além dos limites, devemos nos retirar para um lugar quieto, trancar a porta, praticar alguns exercícios físicos e relaxar da seguinte maneira:

Sente-se numa cadeira firme, com a coluna vertebral ereta; lentamente inspire e expire, doze vezes. Então afirme profunda e mentalmente, dez vezes ou mais: "Pai, Tu és harmonia. Que eu reflita a Tua harmonia. Harmoniza esse meu ente querido atacado pelo erro."

A pessoa deve afirmar isso até sentir, por meio da profunda sensação de paz e tranquila confiança que vai descendo sobre ela, que Deus ouviu e lhe respondeu.

❖ ❖ ❖

– Não são perigosos os seus ensinamentos sobre como controlar as emoções? – perguntou um estudante. – Muitos psicólogos dizem que a supressão provoca desajustes mentais e até mesmo doenças físicas.

Paramahansa Yogananda respondeu:

– A supressão é prejudicial, ou seja, nutrir o pensamento de que se quer algo mas sem fazer nada de construtivo para obtê-lo. O autocontrole é benéfico, isto é, substituir pacientemente os pensamentos errados pelos corretos, transformando as ações reprováveis em ações úteis.

– Aqueles que permanecem no mal prejudicam a si mesmos. As pessoas que preenchem sua mente com sabedoria e sua vida com atividades construtivas evitam muitos sofrimentos ignóbeis para si próprias.

❖ ❖ ❖

"A ira brota apenas de desejos contrariados" [dizia Sri Yukteswar]. "Não espero coisa alguma dos outros; portanto, suas ações não podem estar em oposição aos meus desejos."

❖ ❖ ❖

Se alguém o magoar profundamente, você guardará lembrança disso. Entretanto, em vez de se concentrar nesse acontecimento, você deveria pensar em todas as coisas boas relativas à pessoa que o magoou e em tudo de bom que você teve na vida. Não ligue para os insultos que recebe.

❖ ❖ ❖

Concentre-se em tentar contemplar a Deus no seu inimigo, pois assim agindo você se livra do maléfico desejo de vingança que destrói a sua paz mental. Plantando rancor sobre rancor, ou dando ódio em troca do ódio recebido, não só você aumenta a hostilidade do inimigo em relação a você, mas se envenena física e emocionalmente com a própria peçonha.

❖ ❖ ❖

Alimente apenas amor pelos outros em seu coração. Quanto mais você vir o bem neles, tanto mais estabelecerá o bem em si mesmo. Mantenha a consciência do bem. A maneira de tornar boas as pessoas é reconhecer o bem nelas. Não as critique. Permaneça calmo, sereno, sempre dono de si. Verá então como é fácil conviver com os outros.

❖ ❖ ❖

Limpe sua mente de toda crítica adversa aos outros. Use um olhar ou uma sugestão para corrigir carinhosamente uma pessoa receptiva, mas não force a correção e não continue mantendo pensamentos críticos, embora permaneça em silêncio.

❖ ❖ ❖

Os pensamentos podem às vezes ser mais eficazes do que as palavras. A mente humana é a mais poderosa estação transmissora que existe. Se você irradiar constantemente pensamentos positivos com amor, esses pensamentos terão efeitos sobre os outros. (Da mesma forma, se você irradia ciúme ou ódio, os outros recebem esses pensamentos e respondem de maneira correspondente.) Peça a Deus para que o poder Dele sustente seus esforços. Se, por exemplo, o marido está se desencaminhando, a esposa deveria orar a Deus: "Senhor, ajuda-me a ajudar meu marido. Retira do meu coração qualquer traço de ciúme e de ressentimento. Eu oro apenas para que ele compreenda seu erro e mude. Senhor, fica com ele; e abençoa-me para que eu faça a minha parte." Se a sua comunhão com Deus for profunda, você verá tal pessoa mudar.

❖ ❖ ❖

É fácil revidar, mas oferecer amor é a melhor maneira de tentar desarmar quem o persegue. Mesmo que não funcione na hora, ele jamais poderá se esquecer que, quando lhe deu um tapa, você deu amor em troca. Esse amor precisa ser sincero; quando vem do coração, o amor é mágico. Não espere resultados. Mesmo que seu amor seja desprezado, não dê atenção. Dê amor e esqueça. Nada espere; então você verá o resultado mágico.

O perdão

O Deus de algumas escrituras é vingativo e sempre pronto a nos punir. Mas Jesus nos mostrou a verdadeira natureza de Deus. (...) Ele não destruiu seus inimigos com "doze legiões de anjos",[3] mas sim superou o mal com o poder do amor divino. Sua ação demonstrou o supremo amor de Deus e o comportamento dos que são unos com Ele.

❖ ❖ ❖

"Deve-se perdoar, qualquer que seja a ofensa", diz o *Mahabharata*.[4] "Foi dito que a continuidade da espécie se deve à capacidade que o homem tem de perdoar. Perdão é santidade. Graças ao perdão o universo se mantém coeso. O perdão é o poder do poderoso. O perdão é sacrifício. O perdão é quietude da mente. O perdão e a gentileza são as qualidades de quem tem Autodomínio. Eles representam a virtude eterna."

❖ ❖ ❖

"Então Pedro, aproximando-se dele, disse: Senhor, até quantas vezes pecará meu irmão contra mim, e eu lhe perdoarei? Até sete? Jesus lhe disse: Não te digo que até sete, mas até setenta vezes

---

3. "Ou pensas tu que eu não poderia agora orar a meu Pai, e que ele não me daria mais de doze legiões de anjos?" (Mateus, 26:53).

4. Grande escritura épica da Índia, da qual faz parte o *Bhagavad Gita*.

sete."⁵ Orei profundamente para compreender esse conselho intransigente. "Senhor", protestei, "é isso possível?" Quando a Voz Divina finalmente respondeu, trouxe, numa torrente de luz, uma renovação de humildade: "Quantas vezes por dia, ó Homem, Eu perdoo a cada um de vocês?"

❖ ❖ ❖

Em seu coração precisa brotar uma simpatia que aplaca todas as dores dos corações alheios, aquela mesma simpatia que possibilitou a Jesus dizer: "Pai, perdoa-lhes, porque não sabem o que fazem".⁶ Seu imenso amor abrangia tudo. Ele poderia ter destruído seus inimigos com um olhar. Entretanto, assim como Deus está nos perdoando ininterruptamente, embora conheça todos os nossos pensamentos maldosos, essas grandes almas que estão em sintonia com Ele também nos dão esse mesmo amor.

❖ ❖ ❖

Se você quer desenvolver a Consciência Crística,⁷ aprenda a ser solidário. Quando um genuíno sentimento pelos outros entra em seu coração, você está começando a manifestar essa grande consciência. (...) O Senhor Krishna disse: "O mais elevado iogue é aquele que vê com igual atitude todos os homens".⁸

❖ ❖ ❖

5. Mateus 18:21-22.
6. Lucas 23:34.
7. Consciência Universal; unidade com a onipresença de Deus. Ver glossário.
8. *Bhagavad Gita* VI:9.

A ira e o ódio nada constroem. O amor traz recompensa. Você pode derrubar uma pessoa, mas quando ela se levantar novamente, tentará destruí-lo. Como então a conquistou? Você não a conquistou. A única maneira de conquistar é pelo amor. E quando não puder conquistar, apenas guarde silêncio, ou vá embora e reze pela pessoa. Esse é o modo como você deve amar. Se colocar isso em prática na sua vida, você terá a paz que ultrapassa o entendimento.

Afirmações

Procurarei agradar a todos com ações gentis e cheias de consideração, empenhando-me sempre em desfazer qualquer mal-entendido, consciente ou inconscientemente causado por mim.

❖ ❖ ❖

Hoje eu perdoo a todos os que algum dia me ofenderam. Dou meu amor a todos os corações sedentos, tanto aos que me amam quanto aos que não me amam.

Capítulo 12

Amor incondicional: aperfeiçoando os relacionamentos humanos

O mundo como um todo tem esquecido o significado real da palavra amor. O amor tem sido tão maltratado e crucificado pelo homem, que muito poucas pessoas sabem o que é o verdadeiro amor. Assim como o azeite está presente em cada partícula da azeitona, o amor permeia cada partícula da criação. Mas definir o amor é muito difícil, pela mesma razão por que as palavras não descrevem plenamente o sabor de uma laranja. Você tem que provar a fruta para conhecer seu sabor. Assim é com o amor.

❖ ❖ ❖

No sentido universal, o amor é o poder divino de atração que, na criação, harmoniza, une e vincula. (...) Quem vive em sintonia com a força atrativa do amor alcança a harmonia com a natureza e com seus semelhantes, sendo atraído para a reunião beatífica com Deus.

❖ ❖ ❖

"O amor comum é egoísta, sombriamente enraizado em desejos e satisfações" [disse Sri Yukteswar]. "O amor divino é incondicional, ilimitado, imutável. O fluxo do coração humano desaparece para sempre ao toque extasiante do puro amor."

Amor incondicional

❖ ❖ ❖

Muitos seres humanos dizem "eu te amo" num dia e te rejeitam no dia seguinte. Isso não é amor. Quem tem o coração saturado do amor de Deus é incapaz de ferir alguém de propósito. Quando você ama a Deus sem reservas, Ele preenche seu coração com Seu amor incondicional por todos. Nenhuma língua humana pode descrever esse amor. (...) O homem comum é incapaz de amar os outros dessa maneira. Autocentrado na consciência do "eu, mim e meu", ele ainda não descobriu o Deus onipresente que reside nele e em todos os outros seres. Para mim não há diferença entre esta e aquela pessoa. Vejo a todos como almas que são o reflexo do Deus único. Não considero ninguém como estranho, pois sei que somos todos parte do Espírito Único. Quando você experimentar o verdadeiro significado da religião, que é conhecer a Deus, compreenderá que Ele é o seu Eu e que Ele existe, igual e imparcialmente, em todos os seres. Então você será capaz de amar os outros como seu próprio Eu.[1]

❖ ❖ ❖

Na consciência de quem está imerso no divino amor de Deus não há engano, estreitezas de casta ou credo, nem fronteiras de qualquer espécie. Quando você experimentar esse amor divino, não verá diferença entre flor e fera, entre um ser

---

1. "Amarás ao Senhor teu Deus de todo o teu coração, e de toda a tua alma, e de todas as tuas forças, e de toda a tua mente, e ao teu próximo como a ti mesmo" (Lucas 10:27).

humano e outro. Você comungará com toda a natureza e amará, por igual, toda a humanidade.

❖ ❖ ❖

A compaixão por todos os seres é necessária para a realização divina, pois no próprio Deus transborda essa qualidade. Aqueles que têm um coração terno conseguem se colocar no lugar dos outros, sentir o sofrimento deles e tentar aliviá-lo.[2]

Equilíbrio das qualidades femininas e masculinas

Parece ter sempre existido certa rivalidade entre homem e mulher. Mas eles são iguais; nenhum é superior ao outro. Orgulhe-se do que você é nesta vida.

❖ ❖ ❖

"Durante o sono, você não sabe se é homem ou mulher" [dizia Sri Yukteswar]. "Assim como um homem representando o papel de uma mulher não se torna mulher, também a a alma, representando tanto o homem quanto a mulher, permanece sem alteração. A alma é a imagem de Deus, imutável, absoluta."

❖ ❖ ❖

Nem sequer admita ser limitado pela consciência de que você é homem ou mulher: você é uma alma feita à imagem de Deus. (...) O caminho mais sábio é lembrar sempre: "Não sou homem

2. O Senhor Krishna ensinou: "O melhor tipo de iogue é aquele que sente pelos outros, no pesar ou no prazer, do mesmo modo que sente por si próprio." (*Bhagavad Gita* VI:32).

nem mulher; sou Espírito". Então você se livrará da consciência limitadora de ambas as tendências. Compreenderá o seu mais alto potencial divino, esteja encarnado como homem ou como mulher.

❖ ❖ ❖

Deus é tanto sabedoria infinita quanto sentimento infinito. Quando Se manifestou na criação, Ele deu forma à Sua sabedoria na figura do pai; e deu forma ao Seu sentimento na figura da mãe. (...) Todos os pais e mães estão potencialmente dotados com ambas: a sabedoria paterna e a ternura materna de Deus. Eles têm que aperfeiçoar essas dádivas. (...) O homem divino desenvolve tanto as qualidades paternas quanto as qualidades maternas em si mesmo.

❖ ❖ ❖

O homem argumenta que a mulher é emocional e não sabe raciocinar, e a mulher queixa-se de que o homem não é capaz de sentir. Ambos estão errados. A mulher pode raciocinar, mas o sentimento predomina em sua natureza; e o homem é capaz de sentir, mas nele prepondera a razão.

❖ ❖ ❖

Deus criou essas diferenças mentais e psicológicas a fim de que houvesse uma distinção entre homem e mulher. A união espiritual ideal entre eles tem o propósito de fazer aflorar no homem a sensibilidade latente e desenvolver a razão oculta na mulher. Eles foram feitos para se ajudarem mutuamente a desenvolver as puras qualidades divinas da razão e do sentimento perfeitos.

❖ ❖ ❖

Cada sexo deveria fazer um esforço para alcançar o equilíbrio, aprendendo um com o outro por meio da amizade e da compreensão.

❖ ❖ ❖

A menos que o homem e a mulher compreendam a natureza um do outro, ignorantemente vão torturar um ao outro. (...) Cada um deveria procurar o equilíbrio interno entre razão e sentimento, tornando-se assim uma personalidade "integral", um ser humano perfeito.

❖ ❖ ❖

Por meio da comunhão com Deus, você pode alcançar a harmonia ou o equilíbrio dessas duas qualidades dentro de você.

❖ ❖ ❖

Nos grandes santos vemos a combinação ideal das qualidades masculinas e femininas. Jesus era assim, bem como todos os mestres. Quando você tiver atingido esse perfeito equilíbrio razão-sentimento, terá aprendido uma das principais lições para as quais foi enviado aqui.

❖ ❖ ❖

A humanidade precisa compreender que a natureza básica da alma é espiritual. Para o homem e a mulher, encararem-se mutuamente apenas como meio de satisfazerem a luxúria é cortejar a destruição da felicidade. Lentamente, pedacinho por pedacinho, a paz da mente irá embora.

❖ ❖ ❖

O homem deveria procurar ver a Deus na mulher e ajudá-la a compreender a sua natureza espiritual. Ele deveria fazê-la sentir que ela está com ele não só para satisfazer seu apetite sexual, mas como uma companheira a quem ele respeita e estima como uma expressão da Divindade. E a mulher deve considerar o homem da mesma forma.

❖ ❖ ❖

Quando homem e mulher se amam de maneira pura e genuína, há entre eles uma completa harmonia de corpo, mente e alma. Quando o amor entre os dois se expressa em sua forma mais elevada, o resultado é uma unidade perfeita.

Casamento

Duas pessoas que unem sua vida para se ajudarem mutuamente na busca da realização divina lançam as fundações do seu casamento no alicerce correto: a amizade incondicional.

❖ ❖ ❖

Desenvolver o amor puro e incondicional entre marido e mulher, pai e filho, amigo e amigo, entre a própria pessoa e os demais é a lição que viemos aprender na Terra.

❖ ❖ ❖

O verdadeiro casamento é um laboratório no qual os venenos do egoísmo, temperamento difícil e mau comportamento podem ser despejados no tubo de ensaio da paciência, para serem neutralizados e transformados pelo poder catalizador do amor e do constante esforço para comportar-se com nobreza.

❖ ❖ ❖

Se houver um hábito ou qualidade em seu cônjuge que desperte traços indesejáveis no seu ânimo, você deve procurar compreender o propósito dessa circunstância: trazer à tona esses venenos ocultos dentro de você, de modo que você possa eliminá-los, purificando assim a sua natureza.

❖ ❖ ❖

A melhor coisa que um marido ou esposa pode desejar ao cônjuge é a espiritualidade, pois o desenvolvimento da alma faz aflorar as qualidades divinas da compreensão, paciência, consideração pelo outro e amor. Mas cada um deve lembrar que o desejo pelo crescimento espiritual não pode ser impingido ao outro. Seja você a própria encarnação do amor, e a sua bondade haverá de inspirar todos os seus entes queridos.

❖ ❖ ❖

A menos que os casais tenham em mente a real e elevada finalidade do casamento, talvez jamais desfrutem de uma vida em conjunto realmente feliz. Sexo em demasia, familiaridade excessiva, falta de cortesia, desconfiança, palavras ou atos insultuosos, discussões na frente dos filhos ou das visitas, irritabilidade e o descarregar das dificuldades ou da ira no companheiro devem ser evitados para que o casamento seja ideal.

❖ ❖ ❖

O *primeiro* requisito e o mais essencial para um casamento feliz é a unidade das almas: semelhança de ideais e objetivos espirituais, manifestada na vontade prática de atingir esses objetivos por meio do estudo, do esforço e da autodisciplina. Casais que têm essa unidade de almas poderão tornar o casamento um sucesso, mesmo que não se faça presente nenhum outro fundamento desejável.

O *segundo* requisito para um casamento feliz é a similaridade de interesses – intelectuais, sociais, relativos ao ambiente, etc.

O *terceiro* e último na ordem de importância (embora usualmente seja considerado em primeiro lugar pelas pessoas não esclarecidas) é a atração física. Esse laço logo perde seu poder atrativo se o primeiro ou o primeiro e o segundo requisitos também não estiverem presentes.

❖ ❖ ❖

As pessoas que desejam se casar deveriam primeiramente aprender a controlar suas emoções.[3]

❖ ❖ ❖

Duas pessoas colocadas juntas na arena do casamento sem esse aprendizado brigarão mais do que adversários numa guerra mundial! As guerras pelo menos chegam ao fim depois de algum tempo, mas alguns cônjuges se envolvem num combate que dura a vida inteira. Imaginar-se-ia que numa sociedade civilizada as pessoas deveriam saber como se dar bem umas com as outras, mas poucas aprenderam essa arte. Um casamento deveria

---

3. Ver também páginas 129-132.

nutrir-se de elevados ideais e do vinho da inspiração de Deus. Então ele será uma união feliz e mutuamente benéfica.

❖ ❖ ❖

Se maridos e mulheres que estão acostumados a usar um ao outro para a prática de tiro ao alvo, usando balas de linguagem irada e descortesias, tentassem em vez disso entreter um ao outro com o encanto das palavras gentis que consolam a alma, eles criariam uma felicidade renovada na vida familiar.

❖ ❖ ❖

O sexo tem seu lugar no relacionamento conjugal entre o homem e a mulher. Mas se ele se torna o fator primordial desse relacionamento, o amor bate as asas e desaparece por completo. No seu lugar aparece então a possessividade, a familiaridade excessiva, os maus-tratos, a perda da amizade e da compreensão. Embora a atração sexual seja uma das condições sob a qual nasce o amor, o sexo por si só não é amor. O sexo e o amor estão tão afastados um do outro quanto o sol e a lua. Somente quando a qualidade transmutadora do verdadeiro amor é suprema na relação é que o sexo se torna um meio de exprimir o amor. Aqueles que vivem demasiadamente no plano sexual se perdem e não são capazes de encontrar satisfação no relacionamento conjugal. Por meio do autocontrole, no qual o sexo não é a emoção determinante mas apenas incidental em relação ao amor, é que marido e mulher podem saber o que é o amor real. Neste mundo moderno, infelizmente, o amor é quase sempre destruído por causa da ênfase exagerada que se dá à experiência sexual.

❖ ❖ ❖

Aqueles que praticam a moderação natural, não forçada, na vida sexual desenvolvem outras qualidades duradouras no relacionamento marido-mulher: amizade, companheirismo, compreensão, amor recíproco. Por exemplo, Madame Amelita Galli-Curci[4] e seu marido, Homer Samuels, são o casal mais perfeito que conheci no Ocidente. O seu amor é lindo porque eles praticam esses ideais de que falei. Quando se separam, mesmo por um tempo curto, esperam ansiosamente pelo momento de se verem novamente, de estar na companhia um do outro, de compartilhar ideias e afeto mútuo.

❖ ❖ ❖

Todo indivíduo precisa de um período de solidão ou isolamento a fim de fazer face às crescentes pressões da vida. (...) Não desrespeite os direitos de independência de cada um.

❖ ❖ ❖

Quando o marido serve a esposa e ela o serve, cada qual com o desejo de ver o outro feliz, a Consciência Crística – a amorosa Inteligência Cósmica de Deus que permeia todos os átomos da criação

---

4. Cantora de ópera mundialmente famosa (1889-1963) que encontrou Paramahansa Yogananda nos seus primeiros anos nos Estados Unidos. Ela e o marido tornaram-se membros da SRF. Madame Galli-Curci escreveu o prefácio do livro de Paramahansa Yogananda *Whispers from Eternity*.

– começou a expressar-se por meio da consciência deles.

❖ ❖ ❖

Quando duas pessoas sentem uma atração incondicional uma pela outra e estão prontas para se sacrificarem uma pela outra, estão amando verdadeiramente.

❖ ❖ ❖

Desejar a perfeição para o ser amado, e sentir alegria pura ao pensar naquela alma, é amor divino, e esse é o amor que há na verdadeira amizade.

❖ ❖ ❖

Meditem juntos todas as manhãs e especialmente todas as noites. (...) Tenham um pequeno altar doméstico onde marido, mulher e filhos se reúnam para oferecer devoção profunda a Deus e unir suas almas para sempre na eterna alegria da Consciência Cósmica.[5] (...) Quanto mais meditarem juntos, mais profundo se tornará o amor de um pelo outro.

Amizade

A amizade é o toque de trombeta de Deus, exortando a alma a destruir as subdivisões da consciência do ego que a separam de todas as outras almas e de Deus.

❖ ❖ ❖

A amizade é a mais pura forma do amor de Deus, porque nasce do livre-arbítrio do coração e

---

5. Ver glossário.

Amor incondicional

não nos é imposta pelo instinto familiar. Amigos ideais nunca se separam. Nada é capaz de romper seu relacionamento fraternal.

❖ ❖ ❖

O tesouro da amizade é o seu bem mais valioso, porque o acompanha para além desta vida. Todos os verdadeiros amigos que fez, você os encontrará novamente no lar do Pai, pois o verdadeiro amor jamais se perde.

❖ ❖ ❖

Quando existe amizade perfeita entre dois corações ou dentro de um grupo de corações num relacionamento espiritual, essa amizade aperfeiçoa cada indivíduo.

❖ ❖ ❖

Existe um ímã em seu coração que atrairá os verdadeiros amigos. Esse ímã é o altruísmo, pensar nos outros primeiro. Muito poucas pessoas estão livres do egocentrismo. Entretanto, pode-se desenvolver a qualidade do altruísmo bem facilmente mediante a prática de pensar nos outros primeiro.

❖ ❖ ❖

Você não pode atrair amigos verdadeiros sem remover do seu próprio caráter as nódoas do egoísmo e de outras qualidades desagradáveis. A suprema arte de fazer amigos é se comportar divinamente – ser espiritualizado, puro, altruísta. (...) Quanto mais suas falhas humanas forem eliminadas e as qualidades divinas vierem à tona, mais amigos você terá.

❖ ❖ ❖

A verdadeira amizade consiste em serem os amigos úteis mutuamente, oferecendo entusiasmo nas provações, solidariedade na tristeza, conselho nas dificuldades e auxílio material nas horas de real necessidade. (...) Aquele que ofereceu a sua verdadeira amizade a outrem abandona alegremente os prazeres ou os interesses egoístas em favor da felicidade do seu amigo, sem a consciência da perda ou do sacrifício e sem levar em conta o custo.

❖ ❖ ❖

Quaisquer que sejam as diferenças de opinião existentes entre tais amigos, sempre haverá compreensão e comunicação. Nessa espécie de relacionamento, não obstante as divergências, existe respeito mútuo e estima pela amizade, acima de tudo o mais. A verdadeira amizade fundamentada em Deus é o único relacionamento duradouro.

❖ ❖ ❖

Se você declara amizade, que a leve a sério! Não se deve mostrar gentileza ou cooperação por fora, e por dentro sentir o oposto. A lei espiritual é muito poderosa. Não fique contra os princípios espirituais. Nunca iluda nem seja traiçoeiro. Como amigo, saiba quando não se intrometer; entenda o seu lugar; saiba quando deve ter disposição para cooperar e quando deve ter a vontade de não cooperar.

❖ ❖ ❖

É errado falar a verdade quando, assim agindo, se trai outra pessoa desnecessariamente e sem ser para um bom propósito. Suponha que um homem bebe mas tenta ocultar isso do resto do mundo. Você conhece sua fraqueza e, em nome da verdade, anuncia aos seus amigos: "Vocês sabem que fulano de tal bebe, não sabem?" Tal observação é inoportuna; não se deve intrometer na vida alheia. Procure encobrir as falhas dos outros, desde que elas não prejudiquem ninguém. Converse em particular com a pessoa sobre suas falhas, se tiver a oportunidade ou a responsabilidade de ajudá-la; mas nunca, sob o pretexto de ajudar, fale deliberadamente para ferir alguém. Assim você somente o "ajudará" a se tornar seu inimigo. É possível também que destrua qualquer desejo que ele possa ter tido de melhorar.

❖ ❖ ❖

Ajude seu amigo sendo para ele uma inspiração mental, estética e espiritual. Nunca seja sarcástico com um amigo. Não o adule, a menos que seja para encorajá-lo. Não concorde com ele quando estiver errado.

❖ ❖ ❖

Seja verdadeiro, seja sincero, e a amizade crescerá com firmeza. Lembro-me de uma discussão com Sri Yukteswar sobre sinceridade. Eu disse:

– A sinceridade é tudo.

– Não – respondeu ele. – Sinceridade mais consideração pelos outros é tudo.

E continuou:

– Suponha que esteja sentado na sala de sua casa e que haja um novo e belo tapete no chão. Está chovendo lá fora. Um amigo que você não vê há muitos anos abre a porta violentamente e entra correndo para saudá-lo.

– Está certo – disse eu. Mas meu guru ainda não tinha completado seu raciocínio.

– Vocês estavam sinceramente felizes de se verem um ao outro – disse ele – mas você não teria gostado mais se ele tivesse tido a consideração de tirar as botas enlameadas antes de entrar e estragar o tapete?

Tive que concordar que ele estava certo.

Não importa o quanto você pense bem de alguém, ou quão próximo seja dessa pessoa, é importante adoçar esse relacionamento com boas maneiras e consideração. Então, a amizade se torna verdadeiramente maravilhosa e duradoura. A familiaridade que conduz à falta de consideração é muito prejudicial à amizade.

❖ ❖ ❖

Assim como o orvalho ajuda a flor a crescer, da mesma forma a doçura exterior e interior nutre o desenvolvimento da amizade.

❖ ❖ ❖

A amizade é nobre, frutífera, sagrada –
Quando almas distintas marcham em diferença,
Harmônicas, todavia; assentindo e divergindo,
Crescendo fulgurantes, na diversidade, (...)
Ah, amizade... florescente planta celestial!
Nutrida foste em solo de imensurável amor,
Na busca do progresso da alma, juntas,

Duas almas que, uma à outra, as veredas suavizam.⁶

❖ ❖ ❖

Para ser um amigo verdadeiro e incondicional, seu amor precisa estar ancorado no amor de Deus. Sua vida com Deus é a inspiração por trás da verdadeira amizade divina a todos.

❖ ❖ ❖

Procure aperfeiçoar sua amizade com umas poucas almas. Quando for capaz de lhes dar amizade verdadeiramente incondicional, seu coração estará pronto para oferecer amizade perfeita a todos. E quando conseguir fazer isso, você se tornará divino – como Deus e as grandes almas, que dão amizade a todos os seres, independente de personalidade. Amizade que se restringe a apenas uma ou duas almas, excluindo as outras, é como um rio que se perde nas areias... jamais alcança o oceano. O rio da amizade divina se alarga à medida que flui para diante, poderoso e verdadeiro, até desaguar por fim na oceânica presença de Deus.

Afirmação

Ao irradiar amor e boa vontade para os outros, abrirei o canal para que venha a mim o amor de Deus. O amor divino é o ímã que atrai para mim todo o bem.

---

6. Do poema "Friendship", no livro *Songs of the Soul* de Paramahansa Yogananda.

Capítulo 13

Compreendendo a morte

Embora o homem comum encare a morte com pavor e tristeza, aqueles que já se foram a conhecem como uma experiência maravilhosa de paz e liberdade.

❖ ❖ ❖

Talvez nossas maiores conjecturas sejam a respeito dos seres que amamos. Onde estão? Por que foram afastados de nós? Uma breve despedida e eis que desaparecem por trás do véu da morte. Sentimo-nos tão desamparados e tristes; e não há nada a fazer. (...) Quando alguém está morrendo, embora não possa falar, um desejo se expressa em sua consciência. A pessoa pensa: "Estou deixando meus entes queridos, será que um dia voltarei a vê-los?" E os que estão sendo deixados também pensam: "Estou perdendo-o. Será que ele se lembrará de mim? Será que nos encontraremos novamente?" (...) Quando perdi minha mãe nesta vida, prometi a mim mesmo que nunca mais me apegaria a alguém.[1] Dei meu amor a Deus. Aquela primeira experiência com a morte foi muito grave para mim.

1. Paramahansa Yogananda tinha apenas 11 anos de idade quando sua mãe morreu. Ele arrombou os próprios portões do céu com a sua juvenil determinação espiritual, até receber a resposta de Deus e a compreensão de que é o Seu amor que se expressa por meio dos nossos entes queridos. Amar a Deus é amar a todos, sem exclusividade e sem o inevitável sofrimento que nasce do apego. *(Nota da Editora)*

Mas aprendi muito. Procurei incansavelmente durante meses e anos, até encontrar a resposta para o mistério da vida e da morte. (...) Estou falando por experiência própria.

❖ ❖ ❖

Na morte, você esquece todas as limitações do corpo físico e compreende o quanto é livre. Nos primeiros segundos existe uma sensação de medo – medo do desconhecido, de algo estranho à consciência. Mas em seguida vem uma grande compreensão: a alma experimenta uma alegre sensação de alívio e liberdade. Você percebe que existe separado do corpo mortal.

❖ ❖ ❖

Todos nós vamos morrer um dia, portanto é inútil ter medo da morte. Você não se sente infeliz com a perspectiva de perder a consciência do corpo no sono; aceita o sono como um desejável estado de liberdade. Assim é a morte: um estado de repouso, uma aposentadoria desta vida. Não há o que temer. Quando a morte chegar, ria dela. A morte é apenas uma experiência a que se está destinado para aprender uma grande lição: você não pode morrer.

❖ ❖ ❖

Nosso eu real, a alma, é imortal. Podemos ficar por algum tempo adormecidos nesse estado chamado morte, porém nunca seremos destruídos. Nós existimos e essa existência é eterna. A onda alcança a praia, depois volta ao mar, mas não se perde. Ela se torna una com o oceano, ou retorna na forma de uma outra onda.[2] Este corpo veio e desaparecerá, mas a essência da alma que traz dentro dele jamais deixará de existir. Nada poderá extinguir essa consciência eterna.

❖ ❖ ❖

Mesmo uma partícula de matéria ou uma onda de energia é indestrutível, como a ciência já provou; a alma ou essência espiritual do homem também é indestrutível. A matéria sofre mudanças; a alma submete-se a experiências cambiantes. Mudanças radicais são chamadas de morte, porém a morte ou uma mudança de forma não muda nem destrói a essência espiritual.

❖ ❖ ❖

O corpo é apenas uma roupagem. Quantas vezes você trocou de roupa nesta vida? E nem por isso diria que *você* mudou. Analogamente, quando abandona essa roupa corporal por ocasião da morte, você não muda. É exatamente o mesmo: uma alma imortal, um filho de Deus.

❖ ❖ ❖

A palavra "morte" é um termo equivocado, pois a morte não existe. Quando está cansado da vida, você simplesmente despe o sobretudo feito de carne e regressa ao mundo astral.[3]

❖ ❖ ❖

2. Uma referência à reencarnação. Ver glossário.
3. Céu, a região sutil de forças e consciência superiores. Ver *mundo astral* no glossário.

O *Bhagavad Gita*[4] fala de maneira bela e consoladora sobre a imortalidade da alma:

> O espírito não nasceu; jamais deixará de ser;
> Não houve um tempo em que ele não era; Fim e Começo são apenas sonhos!
> Sem nascimento nem morte, imutável, para sempre o espírito perdura;
> A morte não o toca, a despeito de morta parecer sua morada!

❖ ❖ ❖

A morte não é o fim: é uma liberdade temporária, concedida quando o *karma*, a lei da justiça, determina que seu corpo e ambiente atuais já cumpriram o seu propósito; ou então quando você está por demais fatigado ou exausto pelo sofrimento para continuar arcando com a carga da existência física. Para os sofredores, a morte é uma ressurreição das dolorosas torturas da carne num despertar de paz e tranquilidade. Para o idoso, é uma aposentadoria conquistada pelos anos de luta ao longo da vida. Para todos é um descanso bem-vindo.

❖ ❖ ❖

Quando você pensa que este mundo é invadido pela morte e que o seu corpo também terá que ser descartado, o plano de Deus parece muito cruel. Você não consegue imaginar que Ele seja misericordioso. Mas quando você examina o processo da morte com os olhos da sabedoria, vê que, apesar de tudo, trata-se apenas de um pensamento de Deus passando através de um pesadelo de mudanças para chegar a uma bem-aventurada liberdade

---

4. II:20, tradução de Sir Edwin Arnold.

Nele novamente. Santos e pecadores alcançaram, por igual, liberdade na morte, em maior ou menor grau, de acordo com os seus méritos. No sonho do Senhor chamado mundo astral – o lugar para onde vão as almas depois da morte – elas gozam de uma liberdade que jamais conheceram durante a vida na Terra. Portanto, não sinta pena de quem esteja atravessando a ilusão da morte, porque em pouco tempo ele estará liberto. E uma vez arrancado dessa ilusão, perceberá que, afinal, a morte não foi tão ruim assim. Ele compreende que sua mortalidade foi apenas um sonho e se regozija, porque agora o fogo não pode queimá-lo, nem a água afogá-lo; está livre e seguro.[5]

❖ ❖ ❖

A consciência do moribundo se acha de repente aliviada do peso do corpo, da necessidade de respirar e de qualquer dor física. A alma então experimenta uma sensação de voar pacificamente através de um túnel de luz suave e difusa. Em seguida a alma flutua num estado de sono inconsciente, um milhão de vezes mais profundo e mais agradável do que o mais profundo sono que experimentara no corpo físico. (...) O estado após a morte é experimentado de forma distinta, dependendo do modo de vida que as diferentes pessoas tiveram na Terra. Da mesma maneira como o sono de pessoas diferentes varia

---

5. "As armas não podem ferir a alma; o fogo não pode queimá-la; a água não pode molhá-la; nem pode o vento ressecá-la. (...) A alma é imutável, tudo permeia, está perenemente tranquila e inamovível – a mesma, eternamente. A alma é dita imponderável, não-manifestada e imutável. Portanto, sabendo que é assim, não te deves lamentar!" (*Bhagavad Gita* II:23-25).

em profundidade e tempo de duração, assim também variam as suas experiências depois da morte. O homem bom que trabalha arduamente na fábrica da vida entra num sono profundo, inconsciente e repousante por um período curto. Então, desperta em algum lugar do mundo astral. "Na casa de meu Pai há muitas moradas."[6]

❖ ❖ ❖

– Nunca consegui acreditar no céu – observou um novo estudante. – Existe mesmo tal lugar?
– Sim – respondeu Paramahansa Yogananda. – Aqueles que amam a Deus e confiam Nele vão para lá quando morrem. Nesse plano astral pode-se materializar qualquer coisa de forma imediata meramente pelo pensamento. O corpo astral é feito de luz tremeluzente. Nessas regiões existem cores e sons totalmente desconhecidos na Terra. É um mundo belo e aprazível.

❖ ❖ ❖

[A morte] não é o fim das coisas, mas sim a transferência das experiências físicas do domínio grosseiro da matéria mutável para as alegrias mais puras no reino astral de luzes multicoloridas.

❖ ❖ ❖

"O mundo astral é infinitamente belo, limpo, puro e ordenado" [disse Sri Yukteswar]. "Não há planetas mortos nem terrenos estéreis. As imperfeições terrestres – ervas daninhas, bactérias, insetos, serpentes – não existem lá. Contrariamente

---

6. João 14:2.

aos vários climas e estações da Terra, os planetas astrais mantêm uma temperatura constante de eterna primavera, com nevadas ocasionais de um branco resplandecente e chuvas de luzes multicoloridas. Nos planetas astrais encontra-se grande abundância de lagos opalescentes, mares brilhantes e rios de arco-íris."

❖ ❖ ❖

As almas na região astral vestem-se com luzes tênues. Elas não se aprisionam em feixes de ossos recobertos de carne. Não carregam molduras pesadas e frágeis que colidem com outros sólidos toscos e se quebram. Portanto, na terra astral não existe guerra entre o corpo humano e outros sólidos, oceanos, relâmpagos e doenças. E também não há acidentes, pois todas as coisas coexistem num ambiente de solidariedade, e não de antagonismo. Todas as formas de vibração funcionam em harmonia umas com as outras. Todas as forças vivem em paz e em consciente cooperação. As almas, os raios sobre os quais caminham e os raios alaranjados que bebem e comem são todos feitos de luz viva. Essas almas vivem num mútuo relacionamento e cooperação, respirando não oxigênio, mas a alegria do Espírito.

❖ ❖ ❖

"Amigos de outras vidas facilmente se reconhecem no mundo astral" [disse Sri Yukteswar]. "Regozijando-se na imortalidade da amizade, eles compreendem a indestrutibilidade do amor, tantas vezes posta em dúvida nos momentos das tristes e ilusórias separações da vida terrena."

❖ ❖ ❖

Por que choramos quando morrem nossos entes queridos? Porque nos entristecemos com a nossa própria perda. Se eles nos deixam para cursarem melhores escolas de vida, deveríamos nos alegrar em vez de ficarmos egoisticamente tristes, pois ao irradiar nossos desejos egoístas podemos mantê-los presos à Terra, impedindo o seu progresso. O Senhor é sempre novo, e com Sua varinha mágica infinita – a Morte Renovadora – Ele mantém cada objeto criado, cada ser vivo, sempre em manifestação, sempre se remodelando num veículo mais apropriado para as Suas inexauríveis formas de expressão. A morte chega às pessoas responsáveis e dedicadas como uma promoção a um nível superior; e aos fracassados vem para lhes dar uma nova oportunidade num ambiente diferente.

❖ ❖ ❖

A morte é o ponto culminante da vida. Na morte a vida busca repouso. É precursora de uma felicidade imensa: a deliciosa liberdade de todas as torturas da carne. A morte elimina automaticamente todas as dores do corpo, assim como o sono elimina o cansaço e as dores de um corpo que trabalhou arduamente. A morte é uma liberdade condicional do encarceramento no corpo físico.

❖ ❖ ❖

O homem ignorante vê apenas o muro intransponível da morte, aparentemente ocultando para sempre os amigos queridos. Mas o homem sem apego, o que ama os outros como expressões do

Senhor, compreende que na morte os seres amados apenas regressaram para um hausto de alegria em Deus.

❖ ❖ ❖

Como é gloriosa a vida depois da morte! Você já não tem mais que arrastar a sua velha bagagem de ossos, com todos os seus problemas. Estará livre no céu astral, desembaraçado das limitações físicas.

❖ ❖ ❖

Certa vez escrevi a respeito da visão que tive de um jovem moribundo, com a qual Deus me mostrou a atitude correta perante a morte. O jovem estava deitado na cama e os médicos lhe disseram que ele só teria mais um dia de vida. Ele respondeu: "Um dia para alcançar meu Amado, quando a morte abrirá os portões da imortalidade e eu ficarei livre das grades do sofrimento! Não chorem por mim, vocês que ficam nestas praias desoladas, ainda para se lamentar e deplorar. Eu é que tenho pena de vocês. Derramam lágrimas sombrias por mim, chorando a perda que represento para vocês; mas por vocês eu choro lágrimas de alegria, por estar partindo antes, para o próprio bem de vocês, para acender velas de sabedoria o tempo todo. E esperarei para recebê-los onde eu estiver, com o meu e seu único Amado. Oh, meus queridos, exultem com a minha alegria!"[7]

❖ ❖ ❖

7. Paramahansa Yogananda aqui está parafraseando seu poema "The Dying Youth's Divine Reply", de *Songs of the Soul*.

Compreendendo a morte

Você não sabe o que se passará consigo neste mundo; você tem que continuar a viver e a se preocupar. Aqueles que morrem sentem pena de nós; e nos abençoam. Por que sofrer por eles? Contei a história [do jovem moribundo] para uma senhora que havia perdido o filho. Quando acabei de contar, ela enxugou as lágrimas imediatamente e disse: "Nunca senti tanta paz. Estou contente em saber que meu filho está livre. Eu achava que alguma coisa horrível tinha lhe acontecido."

❖ ❖ ❖

Quando perder um ente querido, em vez de se desesperar desarrazoadamente, compreenda que ele se foi para um plano mais elevado, segundo a vontade divina, e que Deus sabe o que é melhor para ele. Alegre-se por ele estar livre. Reze para que seu amor e boa vontade sejam mensageiros do estímulo que você lhe envia no caminho dele para diante. Essa atitude o ajuda muito mais. Naturalmente não seríamos humanos se não sentíssemos falta de nossos entes queridos, mas ao sentirmos a solidão provocada pela ausência deles, não queiramos que apegos egoístas acabem prendendo-os à Terra. Uma tristeza excessiva impede que a alma que partiu continue progredindo em direção a uma paz e liberdade maiores.

❖ ❖ ❖

[Há uma forma aceitável de pesar diante da morte, como a expressa por Paramahansa Yogananda durante o serviço fúnebre que celebrou em memória de Sri Gyanamata, uma de suas primeiras

e mais adiantadas discípulas, a quem carinhosa e respeitosamente chamava de "Irmã".[8]

Ontem à noite alguém me disse, ao ver lágrimas em meus olhos, que eu deveria me alegrar porque a Irmã estava livre na alegria do Espírito. Eu disse: "Sei disso tudo: o quanto a Irmã está feliz, como se encerrou esse glorioso capítulo de sua vida, como se foram as dores de seu corpo. (...) Meu espírito está com o seu espírito em Deus. Mas estas são lágrimas de amor, porque deste lado terei saudades dela. (...)

"Aquela luz fulgurante e humilde que foi a Irmã extinguiu-se diante de mim e juntou-se à Grande Luz. Essa é a minha alegria e a minha tristeza. E estou alegre por estar triste, alegre por ela ter estado conosco para inspirar tanto amor em nosso coração."

❖ ❖ ❖

Para enviar seus pensamentos aos entes queridos que já partiram, sente-se em silêncio no seu quarto e medite em Deus. Quando sentir a Sua paz dentro de você, concentre-se profundamente no centro crístico[9] – o centro da vontade no ponto entre as sobrancelhas – e irradie seu amor para esses entes queridos que se foram. Visualize, no centro crístico, a pessoa com quem você quer entrar em contato. Envie a essa alma sua vibração de amor, de força e de coragem. Se fizer isso ininterruptamente e não perder a intensidade do seu interesse por esse ser amado, essa alma certamente receberá as

8. Ver página 48.
9. Ver glossário.

vibrações que você enviar. Tais pensamentos dão aos seus entes queridos uma sensação de bem-estar, uma sensação de serem amados. Eles não se esqueceram de você, tanto quanto você não se esqueceu deles.

❖ ❖ ❖

Envie seus pensamentos de amor e boa vontade aos seus entes queridos sempre que se sinta inclinado a isso, mas faça-o pelo menos uma vez por ano – talvez em algum aniversário especial. Diga-lhes mentalmente: "Nós nos encontraremos de novo no futuro e continuaremos a desenvolver nosso amor divino e amizade mútua". Se você lhes enviar agora, o tempo todo, seus pensamentos amorosos, algum dia vocês certamente se encontrarão de novo. Você saberá que esta vida não é o fim, mas apenas um elo na eterna corrente de seu relacionamento com os entes queridos.

Afirmação

Ó Mãe Divina: quer eu flutue na superfície da vida presente, quer submerja sob as ondas da morte, estou seguro em Teus braços imortais.

❖ ❖ ❖

De estrela a estrela eu voarei; neste lado da eternidade, no outro lado da eternidade ou irrompendo pelas ondas da vida, de átomo a átomo – voando com as luzes, rodopiando com as estrelas ou dançando com as vidas humanas! Sou imortal! Ressuscitei a mim mesmo da consciência de morte.

❖ ❖ ❖

A vida eternal de Deus flui através de mim. Sou imortal. Por trás da onda de minha mente está o oceano da Consciência Cósmica.

Capítulo 14

Como usar pensamentos de imortalidade para despertar seu verdadeiro Eu

Paramahansa Yogananda escreveu:
"Se você se sintonizar no pensamento de Deus e bater no prego da ilusão com o martelo dos pensamentos certos da Verdade, conseguirá vencer a ilusão.

"Destrua todos os pensamentos mortais, substituindo-os por pensamentos de imortalidade."

Realçados nesta compilação de palestras e escritos de Yogananda estão afirmações e insights *espirituais – "pensamentos de imortalidade" – que você pode usar para expandir a percepção da Realidade Eterna e Bem-aventurada em você mesmo e em toda a criação.*

Dia e noite, afirme quem você realmente é

Repita esta verdade para si mesmo incessantemente:

"Eu sou o Imutável, sou o Infinito. Não sou um pequeno ser mortal com ossos que se quebram e um corpo que perece. Sou o Infinito imortal e imutável."

❖ ❖ ❖

Se um príncipe embriagado vai às favelas e, esquecendo inteiramente sua verdadeira identidade, começa a lamentar-se: "Como sou pobre", seus amigos se rirão dele e dirão: "Acorde e lembre-se de que é um príncipe". Do mesmo modo, você tem permanecido em um estado de alucinação, pensando que é um mortal desamparado, lutando contra dificuldades e infelicidades. Todos os dias, deveria sentar-se imóvel e afirmar:

> *"Nascimento, nem morte, nem casta eu tenho; pai e mãe, não tenho também. Santo Espírito, Eu sou Ele. Eu sou a Felicidade Infinita."*

Se você repetir esses pensamentos reiteradamente, dia e noite, acabará por perceber o que realmente é: uma alma imortal.

Descarte todos os pensamentos limitadores que ocultam seu verdadeiro Eu

Não é estranho que você não saiba quem é? Que não conheça seu próprio Eu? Você se autodefine com tantos títulos diferentes que se aplicam a seus papéis físicos e mortais (...) Tire da alma esses títulos.

> *"Eu penso, mas não sou o pensamento. Eu sinto, mas não sou o sentimento. Eu exerço a vontade, mas não sou a vontade."*

O que sobrou? O você que sabe que existe; o você que sente que você existe com a prova dada pela intuição, o conhecimento incondicionado que a alma tem de sua própria existência.

❖ ❖ ❖

Durante o dia você trabalha constantemente com o corpo e por isso acaba se identificando com ele. Mas todas as noites Deus remove de você essa ilusão aprisionadora. Na noite passada, em profundo estado sem sonhos, era você uma mulher, um homem, um americano, um indiano, rico ou pobre? Não. Você era puro Espírito. (...) Na liberdade semisuperconsciente do sono profundo, Deus retira todos os seus títulos mortais e o faz sentir que você é separado do corpo e de todas as suas limitações – é consciência pura, descansando no espaço. Esta vastidão é seu Eu real.

❖ ❖ ❖

Recorde esta verdade todas as manhãs ao acordar:

> *"Acabo de sair da percepção interna de meu verdadeiro Eu. Não sou o corpo. Transcendo o tempo. Sou Alegria, Luz, Sabedoria e Amor. Habito no corpo onírico, através do qual estou sonhando esta vida terrena, mas sou sempre o Espírito eterno."*

Saiba que o Eu é inseparável de Deus

A sabedoria mais elevada é a Autorrealização – saber que o Eu, a alma, é eternamente inseparável de Deus. (...) O Ser Único que está no âmago mais profundo de tudo o que existe. "Ó Arjuna, sou o Eu no coração de todas as criaturas; sou sua Origem, Existência e Finalidade."[1]

❖ ❖ ❖

Todos os grandes mestres afirmam que dentro deste corpo está a alma imortal, uma centelha Daquilo que tudo sustenta. Quem conhece sua alma, conhece esta verdade:

> "Estou além de todas as coisas finitas; agora vejo que o Espírito, sozinho no espaço, com a Sua alegria sempre renovada, expressou-Se como o vasto corpo da natureza. Eu sou as estrelas, sou as ondas, sou a Vida de tudo; sou o riso dentro de todos os corações, sou o sorriso na face das flores e em cada alma. Eu sou a Sabedoria e o Poder que sustentam toda a criação."

Pense, afirme e perceba sua natureza divina

É necessário destruir os pensamentos equivocados de muitas eras – o de que somos frágeis seres humanos. Precisamos pensar, meditar, afirmar, crer e perceber todos os dias que somos filhos de Deus.

❖ ❖ ❖

Você pode dizer: "Isso é apenas um pensamento". Bem, o que é pensamento? Tudo o que você vê é o resultado de uma ideia. (...) O pensamento invisível dá realidade a todas as coisas. Portanto, se puder controlar seus processos mentais, poderá

1. *Bhagavad Gita* X:20.

tornar qualquer coisa visível; poderá materializá-la pelo poder de sua concentração. (...)

Aprendendo a controlar os pensamentos e interiorizar a mente, pelas técnicas científicas de meditação ensinadas pelo guru, aos poucos você se desenvolverá espiritualmente: suas meditações se aprofundarão e seu ser invisível – a alma ou a imagem de Deus em seu interior – vai se tornar real para você.

❖ ❖ ❖

Elimine os pensamentos que deseja ver destruídos, substituindo-os por pensamentos construtivos. Essa é a chave para o céu; está em suas mãos. (...)

Nós somos o que pensamos ser. (...) Mude sua consciência de um ser mortal para a de um ser divino.

❖ ❖ ❖

"Sou infinito. Transcendo o espaço. Transcendo o tempo. Estou além do corpo, do pensamento e da palavra; além da matéria e da mente. Eu sou a bem-aventurança sem fim."

Grave constantemente a verdade divina na mente

Evite toda sugestão mental de limitação humana: doença, velhice, morte. Em vez disso, grave constantemente a seguinte verdade na mente:

"Eu sou o Infinito que se tornou corpo. O corpo como manifestação do Espírito é o Espírito sempre perfeito, sempre jovem."

❖ ❖ ❖

Recuse-se a ser limitado por pensamentos de idade ou de fraqueza. Quem lhe disse que você é velho? Você não é velho. Você, a alma, é eternamente jovem. Grave o seguinte pensamento na consciência:

> *"Eu sou alma, um reflexo do Espírito sempre jovem. Vibro com juventude, ambição positiva e energia para o êxito."*

❖ ❖ ❖

Sintonize-se com o Poder Cósmico e, esteja você trabalhando numa fábrica ou se envolvendo com gente no mundo dos negócios, afirme sempre:

> *"Dentro de mim está o Poder Criador Infinito. Não irei para o túmulo sem algumas realizações. Sou um homem-Deus, uma criatura racional. Sou o poder do Espírito, a Fonte dinâmica de minha alma. Criarei novidades no mundo dos negócios, no mundo do pensamento, no mundo da sabedoria. Eu e meu Pai somos Um. Posso criar tudo o que quiser, à semelhança de meu Pai criador."*

❖ ❖ ❖

[As] *Lições da SRF* ensinam a entrar em contato com a Vida Cósmica, (...) o oceano da energia cósmica de Deus. O método mais grandioso é canalizar a energia diretamente da fonte interior, e não com o estímulo artificial de remédios, emoções, etc. Então você pode dizer:

> *"Logo depois da carne há uma corrente imensa. Eu a esqueci, mas agora, cavando com a picareta da Autorrealização, descobri a força vital de novo. (...) Não sou a carne, sou a carga de eletricidade divina que permeia este corpo."*

Sua alma não pode ser ferida pelos testes

Saiba que você é imortal – não para ser esmagado pelas lições mortais, mas para aprender, manifestar sua imortalidade e sorrir. Diga:

> *"Sou imortal, enviado a uma escola mortal para aprender e recuperar minha imortalidade. Mesmo desafiado por todas as chamas purificadoras da Terra, sou a alma, que não pode ser destruída. O fogo não pode me queimar; a água não pode me molhar; os ventos não podem me ressecar; os átomos não podem me abalar; sou o imortal sonhando as lições da imortalidade – não para ser esmagado, mas para ser entretido."*

❖ ❖ ❖

Você representou muitos papéis ao longo de muitas encarnações. Mas todos foram dados para diverti-lo – não para assustá-lo. Sua alma imortal não pode ser afetada. No filme da vida você pode chorar, rir, representar muitos papéis; mas interiormente deve sempre dizer: "Eu sou Espírito". Grande consolo advém da percepção dessa sabedoria.

❖ ❖ ❖

"Sou o filho abençoado da doce Imortalidade, aqui enviado para encenar o drama de nascimentos e mortes, mas sempre recordando meu Eu imortal."

"O Oceano do Espírito tornou-se a pequena onda de minha alma. Flutuando no nascimento ou desaparecendo na morte, no oceano da percepção cósmica, a onda de minha vida não pode morrer. Eu sou consciência indestrutível, protegida no seio da imortalidade do Espírito."

Nada tema, pois você é filho de Deus

Quando fecha os olhos e medita, você vê a vastidão da consciência – vê que está no centro da eternidade. Concentre-se aí; reserve um tempinho de manhã e à noite só para fechar os olhos e dizer:

"Sou o Infinito, sou filho de Deus. A onda é uma pequena saliência da grande Consciência Cósmica. Não tenho medo de nada. Sou Espírito."

❖ ❖ ❖

Firme-se sempre na consciência da presença de Deus, que a tudo sustenta. Tenha serenidade e diga:

"Sou destemido; sou feito da substância de Deus. Sou uma centelha do Fogo do Espírito. Sou um átomo da Chama Cósmica. Sou uma célula do imenso corpo universal do Pai. 'Eu e meu Pai somos Um'."

❖ ❖ ❖

Seja destemido na compreensão de que:

"Na vida e na morte, sou eterno em Deus."

Dia após dia, essa consciência ficará gravada em você quando praticar as técnicas. Quando você entra na profunda tranquilidade interior em meditação, está livre da servidão do corpo. Então o que é a morte para você? O que é o medo? Nada tem o poder de amedrontá-lo. Esse é o estado que você busca. Concentre-se em *Om*, mergulhe em *Om* na meditação profunda; percebendo a imanência de Deus na Vibração Cósmica, você "virá ao Pai" – a Consciência Bem-aventurada do Absoluto infinito e transcendente. Você dirá:

"Eu e meu Deus de Bem-aventurança somos Um. Eu tenho tudo no universo. Morte, doença, fim do mundo, incêndios, nada pode afastar essa Bem-aventurança!"

Você é Espírito: afirme suas qualidades espirituais

Tente lembrar e se concentrar em todas as qualidades boas e positivas de sua vida. Não afirme suas deficiências.

❖ ❖ ❖

Sempre que se sentir irado, o iogue aspirante deve ter em mente: "Isso não sou eu!" Quando a posse de suas faculdades estiver sendo sobrepujada pela sensualidade ou pela cobiça, deve dizer a si próprio: "Isso não sou eu!" Quando o ódio tentar obscurecer sua verdadeira natureza, com a máscara de uma horrível emoção, ele deve, vigorosamente, dissociar-se disto: "Isso não sou eu!" Ele aprende a fechar as portas de sua consciência a todos os visitantes indesejáveis que buscam alojar-se em seu interior. E quando esse devoto tiver sido usado ou abusado pelos outros e, ainda assim, sentir em seu interior um santo impulso do espírito de perdão e de amor, ele deve, então, afirmar pleno de convicção: "*Isto* sou eu! Esta é minha verdadeira natureza."

A meditação iogue é o processo de cultivar e estabilizar a consciência de nossa verdadeira natureza por meio de métodos e leis definidos, psicofísicos e espirituais, pelos quais o ego estreito, a defeituosa consciência humana hereditária, é desalojado pela consciência da alma.

❖ ❖ ❖

Querido, não deixe que ninguém o chame de pecador. Você é filho de Deus, pois Ele o fez à Sua imagem. (...) Em vez disso, afirme:

"Não importa que meus pecados sejam mais profundos que o mar e mais altos que as estrelas; ainda não fui vencido, pois sou o Próprio Espírito."

Você é Luz, você é Alegria

As trevas podem reinar numa caverna durante milhares de anos, mas quando a luz entra, a escuridão desaparece como se nunca houvesse existido. Da mesma forma, sejam quais forem os seus defeitos, eles não lhe pertencem mais quando você deixa entrar a luz da bondade. Tão grande é a luz da alma que encarnações de mal não podem destruí-la. Mas as trevas temporárias e autocriadas do mal deixam a alma infeliz, porque você sofre nessa escuridão. Afugente as trevas abrindo o olho espiritual na meditação profunda e preenchendo a consciência com a luz divina que tudo revela.

Nenhuma outra pessoa pode salvá-lo. Você será seu próprio salvador quando perceber:

"Eu sou a Própria Luz. As trevas não foram feitas para mim e jamais conseguirão encobrir a luz de minha alma."

❖ ❖ ❖

Esqueça o pesadelo das limitações atuais. Antes de dormir à noite e ao acordar pela manhã, afirme:

"Eu sou filho de Deus, como Jesus e todos os Mestres o são. Não me esconderei Dele atrás da cortina da ignorância. Cintilarei de sabedoria para poder receber plenamente Sua luz toda perfeita, através de minha transparência espiritual cada vez maior. Recebendo plenamente Sua luz, reconhecerei que sou filho de Deus, como sempre fui, feito à Sua imagem."

❖ ❖ ❖

"Sou filho de Deus para todo o sempre. Sou mais poderoso do que todos os meus testes. O que quer que eu tenha feito de errado no passado, posso agora desfazer com boas ações e meditação. Destruirei os erros. Sou imortal para todo o sempre."

❖ ❖ ❖

Medite todas as noites até banir todos os pensamentos e desejos mundanos. (...) Separe-se de todos os pensamentos e sentimentos inquietos e sente-se no templo da alma, onde a imensa alegria divina se expande e abrange o mundo todo e você percebe que nada existe além Disso. Então você dirá:

> *"Estou unido à eterna luz de Deus, à eterna alegria de Cristo. Todas as ondas da criação se movimentam em mim. Dissolvi a onda de meu corpo no mar do Espírito. Sou o oceano do Espírito e não mais o corpo. Meu espírito está adormecido nas pedras. Estou sonhando nas flores e cantando nos pássaros. No ser humano estou pensando, e no super-homem sei que eu sou."*

Nesse estado você percebe que o fogo não o pode destruir; que a terra e a relva e o céu são todos seus parentes consanguíneos. Então, como um espírito, você anda pela Terra, livre do medo das tumultuadas ondas da criação.

Você é Amor

> *"Meu Pai Celestial é amor e eu sou feito à imagem Dele. Sou a esfera de amor em que todos os planetas, todas as estrelas, todos os seres, toda a criação estão cintilando. Sou o amor que permeia o universo inteiro."*

❖ ❖ ❖

Quando você sentir esse amor, não verá diferença entre a flor e o animal, entre um ser humano e outro. Comungará com a natureza inteira e amará por igual toda a humanidade. Contemplando apenas uma raça – a dos filhos de Deus, seus irmãos divinos – dirá:

"Deus é meu Pai. Faço parte de Sua vasta família de seres humanos. Eu os amo, pois são todos parte de mim. Também amo o irmão Sol, a irmã Lua e todas as criaturas que meu Pai criou, em quem Sua vida flui."

❖ ❖ ❖

"Dou boas-vindas a todas as raças – marrom, branca, negra, amarela e vermelha – a seu lar em meu regaço, para viverem comigo como meus irmãos, nascidos na Terra de pais em comum, Adão e Eva, e nascidos no Espírito de Deus-Pai."

"Abraço toda a terra, a água, o fogo, o ar e o éter como meus parentes de sangue – uma vida em comum circulando em minhas veias em todas as formas vivas. Envolvo todos os animais, plantas, amados átomos e energias no templo de minha vida, pois eu sou Amor, sou a própria vida."

"Tu és Isso"

Jnana, ou verdadeiro conhecimento, é a percepção que a alma tem de que *"Aham Brahmasmi* (Eu sou Brahma)" ou que *"Tat tvam asi* (Tu és Isso)". E quando alguém se senta ereto, em postura de meditação, e dirige a corrente prânica ao *Kutastha* (entre as sobrancelhas), essa é a verdadeira *tapasya*, austeridade espiritual ou prática que domina o divino poder interior.

❖ ❖ ❖

Quando você transcende a consciência deste mundo, sabendo que não é o corpo nem a mente, e ainda assim, estando mais consciente do que nunca de que existe – é essa consciência divina o que você é. Você é Aquilo em que tudo no universo está enraizado.

❖ ❖ ❖

Despedace as estruturas das limitações, as quais separam sua alma do Espírito.

> *"Serei eu o oceano? É pequeno demais,*
> *onírica gota de orvalho nas cerúleas lâminas do espaço.*
> *Serei eu o céu? É pequeno demais,*
> *um lago no regaço da eternidade.*
> *Serei eu a eternidade? É pequena demais,*
> *enquadrada em um nome.*
> *Na vasta região do anonimato adoro permanecer,*
> *além dos limites de sonhos, nomes e conceitos.*
> *Eu sou o que sempre sou—*
> *no sempre-presente passado,*
> *no sempre-presente futuro,*
> *no sempre-presente agora."*

Capítulo 15

A Meta Suprema

A humanidade está empenhada numa eterna busca daquele "algo mais" que espera lhe trará a felicidade completa e sem fim. Para as almas individuais que procuraram e encontraram Deus, a busca terminou. Ele é esse Algo Mais.

❖ ❖ ❖

Muitas pessoas talvez duvidem que encontrar Deus seja a finalidade da vida, mas todos podem aceitar a ideia de que o propósito da vida seja encontrar a felicidade. Eu afirmo que Deus é a Felicidade. Ele é a Bem-aventurança. Ele é o Amor. É a Alegria que nunca deixará sua alma. Então, por que você não tenta alcançar essa Felicidade? Ninguém mais pode dá-la a você. Você mesmo tem que cultivá-la continuamente.

❖ ❖ ❖

Mesmo que a vida lhe tenha dado, em certo momento, tudo o que você queria – riqueza, poder, amigos –, passado algum tempo você se torna de novo insatisfeito e necessita de algo mais. Uma coisa, porém, jamais se tornaria monótona para você: a própria alegria! A experiência interior que todos estão buscando é a felicidade que é deliciosamente variada, embora sua essência seja imutável. A alegria perene e sempre renovada é Deus. Encontrando essa Alegria dentro de si, você A encontrará em tudo no mundo exterior. Em Deus você terá acesso à Fonte da perene e infindável bem-aventurança.

❖ ❖ ❖

Imagine que esteja sofrendo uma punição que não lhe permita dormir numa hora em que você necessita desesperadamente descansar, e de repente alguém diz: "Muito bem, agora já pode dormir". Pense na alegria que sentiria no momento em que estivesse a ponto de cair no sono. Multiplique-a por um milhão! Nem isso descreveria a alegria sentida na comunhão com Deus.

❖ ❖ ❖

A alegria de Deus é ilimitada, incessante, o tempo todo nova. Corpo, mente, nada poderá perturbá-lo quando estiver nesse estado de consciência – tal é a graça e glória do Senhor. E Ele lhe explicará tudo o que você não tem sido capaz de entender, tudo o que você quer saber.

❖ ❖ ❖

Quando você se estabelece no silêncio na meditação profunda, a alegria borbulha internamente, sem ter sido despertada por nenhum estímulo externo. A alegria da meditação é avassaladora. Aqueles que ainda não alcançaram o silêncio da verdadeira meditação não sabem o que é a verdadeira alegria.

❖ ❖ ❖

Quando a mente e os sentimentos são interiorizados, você começa a sentir a alegria de Deus. Os prazeres dos sentidos não perduram, mas a alegria de Deus é sempiterna. É incomparável!

Encontrando tempo para Deus em sua vida

Tudo tem o seu lugar, mas desperdiçar tempo à custa de sua verdadeira felicidade não é bom. Abandonei todas as atividades desnecessárias de modo que pudesse meditar e tentar conhecer a Deus; de modo que pudesse permanecer dia e noite na Sua divina consciência.

❖ ❖ ❖

Pouquíssimos de nós sabem o quanto podemos alcançar na vida se nos portarmos adequada, sábia e parcimoniosamente. Economizemos nosso tempo – a existência se esgota antes que despertemos, e é por isso que não compreendemos o valor do tempo imortal que Deus nos deu.

❖ ❖ ❖

Não desperdice o seu tempo em coisas vãs. Um grande número de pessoas ocupa-se com atividades inconsequentes. Se você pergunta o que têm feito, geralmente dizem: "Oh, tenho estado atarefado o tempo todo!" Porém, mal se lembram com o que estiveram tão ocupadas!

❖ ❖ ❖

Num instante você pode ser solicitado a deixar este mundo; e terá de cancelar todos os seus compromissos. Por que então dar prioridade a atividades que o impedem de dedicar tempo a Deus? Não é sensato. É por causa de *maya*, a rede da ilusão cósmica atirada sobre nós, que nos envolvemos com interesses mundanos e esquecemos o Senhor.

❖ ❖ ❖

A crença na necessidade de realizar desejos e deveres menores primeiro é a maior ilusão do homem. Lembro-me bem que durante meu treinamento como jovem discípulo de meu guru, Swami Sri Yukteswarji, todos os dias eu prometia a mim mesmo: "Amanhã meditarei um pouco mais". Um ano inteiro se passou antes de eu compreender que continuava adiando aquele meu propósito. Imediatamente tomei a resolução de que a minha primeira atividade pela manhã, logo após a higiene diária, seria uma longa meditação. Mas mesmo assim, mal eu me espreguiçava, já ficava enredado em meus afazeres e atividades diárias. Depois disso resolvi fazer minha meditação primeiro. Assim, aprendi uma grande lição: em primeiro lugar vem o meu dever para com Deus, e então cuido dos meus deveres menores.

❖ ❖ ❖

É importante perceber a diferença entre as suas necessidades e as suas carências. Suas necessidades são poucas, enquanto suas carências podem ser ilimitadas. A fim de encontrar a liberdade e a Bem-aventurança, ocupe-se apenas de suas necessidades. Deixe de criar carências ilimitadas e de perseguir o fogo-fátuo da falsa felicidade.

❖ ❖ ❖

– Qual é a melhor oração? – perguntou um discípulo. Paramahansa Yogananda respondeu:

– Diga ao Senhor: "Por favor, faz-me conhecer Tua vontade". Não diga: "Quero isso ou aquilo", mas tenha fé em que ele sabe o que você necessita. Você verá que consegue coisas muito melhores quando Ele escolhe por você.

❖ ❖ ❖

Se você não consegue ter um pequenino brinquedo material pelo qual tem paixão, não fique ressentido com Deus. Às vezes é bom não ganhar aquilo que desejamos. Quando o Pai Divino percebe que Seus filhos impulsivos querem mergulhar nas chamas de desejos excessivos ou equivocados, atraídos por seu brilho, Ele tenta protegê-los de se queimarem.

Deus diz: "Quando Meus filhos pensam que não recebem de Mim nenhuma resposta às suas preces é porque não sabem que Eu respondo, sim – só que diferentemente do que esperam de Mim. Nem sempre responderei de acordo com seus desejos, até que tenham alcançado a perfeição. Somente quando forem perfeitos é que seus pedidos serão guiados sempre pela sabedoria."

❖ ❖ ❖

Não é errado dizer ao Senhor que queremos algo, porém demonstramos fé muito maior se dissermos simplesmente: "Pai Celestial, sei que Tu prevês todas as minhas necessidades. Sustenta-me de acordo com a Tua vontade."

Se, por exemplo, um homem ansioso por ter um carro rezar com bastante intensidade, ele o receberá. Mas possuir um carro pode não ser a melhor coisa para ele. Às vezes o Senhor nos nega pequenos desejos porque pretende conceder-nos dádivas maiores. Confie mais em Deus. Acredite que Aquele que o criou há de sustentá-lo.

❖ ❖ ❖

Deus provou que, quando está comigo, todas as "necessidades da vida" se tornam desnecessárias. Consciente disso, você se torna mais saudável, mais alegre, mais generoso do que a média das pessoas, em todos os sentidos. Não busque as coisas pequenas; elas o desviarão de Deus. Comece sua experiência agora: simplifique a vida e seja um rei.

❖ ❖ ❖

A pessoa comum é influenciada pelo seu ambiente mundano. O homem de concentração molda sua própria vida. Planeja o seu dia e constata que, ao fim dele, seus planos foram executados. Ele se encontra mais próximo de Deus e de seus objetivos. O homem fraco planeja muitas coisas maravilhosas, mas ao fim do dia percebe que foi vítima das circunstâncias e dos maus hábitos. Tal pessoa geralmente põe a culpa em todos, menos em si mesma.

Lembre-se: não culpe pessoa alguma, exceto a você mesmo, pelas suas dificuldades. Se decidir controlar as circunstâncias da sua vida segundo a lei, elas se ajustarão de acordo com essa decisão. Com o tempo você aprenderá a levar uma vida controlada.

❖ ❖ ❖

Você é o senhor de cada momento de sua vida.

❖ ❖ ❖

Suponha que você diga a si próprio: "A partir de hoje encontrarei tempo para meditar". Faça-o; sente-se por alguns minutos, pelo menos. No dia seguinte, resolva permanecer um pouco mais de tempo em meditação. E no outro dia, a despeito dos obstáculos, faça um esforço um pouco maior.

❖ ❖ ❖

Enquanto sua consciência não estiver convencida da absoluta importância de Deus, você não O encontrará. Não permita que a vida o engane. Adquira os bons hábitos que conduzem à verdadeira felicidade. Siga uma dieta simples, exercite o corpo e medite diariamente, não importa o que aconteça, chova ou faça sol. Se não puder fazer exercícios e meditar pela manhã, faça-o à noite. Reze diariamente: "Senhor, mesmo que eu morra, ou que o mundo desabe, todos os dias encontrarei tempo para estar Contigo".

❖ ❖ ❖

Os minutos são mais importantes do que os anos. Se não preencher os minutos da sua vida com o pensar em Deus, os anos vão passar e, quando mais precisar Dele, talvez não consiga sentir a Sua presença. Mas se ocupar os minutos de sua vida com aspirações divinas, os anos ficarão automaticamente saturados por elas.

Praticando a presença de Deus

A alegria está em pensar em Deus ininterruptamente. A ânsia por Ele deve ser permanente.

Chegará o momento em que a mente não divagará, o momento em que nem mesmo as maiores aflições do corpo, da mente e da alma poderão afastar sua consciência da presença viva de Deus. Isso não é maravilhoso?... Viver com Deus, pensar em Deus e sentir Deus o tempo todo?... Permanecer no castelo de Sua presença, de onde nem a morte nem qualquer outra coisa poderá arrancá-lo?

❖ ❖ ❖

Logo atrás das palavras que você profere, logo atrás de seus pensamentos, logo atrás do amor de seu coração, logo atrás de sua vontade, logo atrás do seu sentido de identidade está o grande espírito de Deus. Para os que pensam que Ele está longe, Ele está longe; mas para aqueles que pensam que Ele está perto, Ele sempre estará perto. O *Bhagavad Gita* diz: "Aquele que Me percebe em toda parte e contempla todas as coisas em Mim nunca Me perde de vista, nem Eu jamais o perco de vista".[1] O Senhor jamais nos falta.

❖ ❖ ❖

Dizemos que Deus nos é invisível, mas na realidade Ele é visível no colossal universo manifestado. Deus é tudo – não uma única coisa apenas.

❖ ❖ ❖

Ao olhar a criação, que parece tão sólida e real, lembre-se sempre de concebê-la como o pensamento de Deus, materializado em formas físicas. Você pode condicionar a sua mente para compreender

---

1. *Bhagavad Gita* VI:30.

isso pouco a pouco, todos os dias. Sempre que contemplar um lindo crepúsculo, pense: "Deus está pintando o céu". Ao olhar o rosto de cada pessoa que encontrar, pense interiormente: "Foi Deus que assumiu essa forma". Adote essa linha de pensamento em todas as suas experiências: "O sangue em meu corpo é Deus; a razão em minha mente é Deus; o amor em meu coração é Deus; tudo o que existe é Deus".

❖ ❖ ❖

Yoga é a arte de tudo fazer com a consciência de Deus. Não só quando você medita, mas também quando trabalha, seus pensamentos devem estar permanentemente ancorados Nele. Se você trabalha com a consciência de que o que faz é para agradar a Deus, essa atividade o une a Ele. Portanto, não imagine que só pode encontrar Deus na meditação. Tanto a meditação quanto a atividade correta são essenciais, como ensina o *Bhagavad Gita*. Se pensar em Deus enquanto executa os seus deveres neste mundo, você estará mentalmente unido a Ele.

❖ ❖ ❖

Trabalhar para Deus, não para si mesmo, é tão bom quanto meditar. Assim, o trabalho ajuda a sua meditação e a meditação ajuda o seu trabalho. O equilíbrio é necessário. Só com meditação, você se torna preguiçoso. Só com atividade, a mente se torna mundana e você se esquece de Deus.

❖ ❖ ❖

Fazer coisas para Deus é uma experiência muito pessoal, e tão gratificante...

❖ ❖ ❖

Quando, de maneira persistente e altruísta, você executar todas as ações com os pensamentos inspirados pelo amor de Deus, Ele virá a você. Então você compreenderá que é o Oceano da Vida que se tornou a pequena onda da existência individual. Essa é a maneira de conhecer o Senhor pela atividade. Quando, em cada ação, você pensar Nele antes, durante e depois de agir, Ele Se revelará a você.

❖ ❖ ❖

Você precisa trabalhar, mas deixe que Deus trabalhe por seu intermédio; essa é a melhor parte da devoção. Se pensar constantemente que Ele está caminhando por meio de seus pés, está trabalhando por meio de suas mãos, realizando as coisas por meio da sua vontade, você O conhecerá.

❖ ❖ ❖

Qualquer que seja a sua atividade, você sempre está livre para sussurrar a Deus seu amor, até que receba, conscientemente, Sua resposta. Essa é a maneira mais segura de entrar em contato com Ele em meio à louca agitação da vida contemporânea.

❖ ❖ ❖

O hábito de sussurrar mentalmente a Deus é da maior ajuda para o seu desenvolvimento. Você verá em si mesmo uma mudança que gostará muito. Não importa o que faça, Deus deve estar sempre em sua mente. Quando quer ver determinado espetáculo, ou comprar uma roupa ou um carro que admirou, não é verdade que, não importa o que esteja fazendo, sua mente fica pensando ininterruptamente em como conseguir essas coisas? Enquanto não satisfizer os seus fortes desejos, a sua mente não descansará; ela trabalha incessantemente no sentido de satisfazê-los. É assim que a sua mente deve estar em Deus dia e noite. Transmute os desejos pequenos num grande desejo por Ele. Sua mente deve murmurar o tempo todo: "Noite e dia, noite e dia, Te procuro noite e dia".[2]

❖ ❖ ❖

Essa é a filosofia de vida que devemos seguir. Não amanhã, mas hoje, neste minuto. Não há desculpa para não pensar em Deus. Dia e noite, dando voltas no fundo de sua mente: "Deus! Deus! Deus!", em vez de dinheiro, sexo ou fama. Esteja você lavando pratos, cavando uma vala, trabalhando num escritório ou num jardim, quaisquer que sejam os seus afazeres, murmure interiormente: "Senhor, manifesta-Te a mim! Tu estás aqui mesmo. Estás no sol. Estás na grama. Estás na água. Estás nesta sala. Tu estás em meu coração."

❖ ❖ ❖

Cada pensamento nosso emite uma sutil vibração própria. (...) Quando você mentalmente profere a palavra "Deus" e continua repetindo interiormente esse pensamento, ele emana uma vibração que invoca a presença de Deus.

2. De "A porta do meu coração", publicado em *Cantos Cómicos*, de Paramahansa Yogananda.

❖ ❖ ❖

Sempre que a sua mente divagar no labirinto dos incontáveis pensamentos mundanos, traga-a pacientemente de volta à lembrança do Senhor que habita dentro de você. A seu tempo, descobrirá que Ele está sempre com você – um Deus que fala com você em sua própria língua, um Deus cuja face o espreita de cada flor, de cada arbusto, de cada folha de grama. Então você dirá: "Sou livre. Envolto nas teias do Espírito, voo da terra ao céu nas asas da luz." E que alegria absorverá o seu ser!

Estabelecendo um relacionamento com Deus

– Parece-me pouco prático pensar em Deus o tempo todo – observou um visitante. Paramahansaji respondeu:

– O mundo concorda com você, e por acaso o mundo é um lugar feliz? A verdadeira felicidade foge do homem que abandona a Deus, porque Ele é a própria Bem-aventurança. Seus devotos na Terra vivem num paraíso interior de paz, mas aqueles que O esquecem passam seus dias num inferno de insegurança e decepção criado por eles mesmos. "Fazer amizade" com o Senhor é ser realmente prático!

❖ ❖ ❖

Cultive o relacionamento com Ele. É possível conhecer Deus tão bem quanto você conhece seu amigo mais querido. Essa é a verdade.

❖ ❖ ❖

A Meta Suprema

Primeiro é preciso ter um conceito correto de Deus – uma ideia definida por meio da qual se possa estabelecer um relacionamento com Ele. E depois você precisa meditar e orar até que essa concepção mental se transforme numa percepção real. Então você O conhecerá. Se você persistir, o Senhor virá.

❖ ❖ ❖

Há pessoas que descrevem seu Criador como alguém que imperiosamente submete o homem à prova com a fumaça da ignorância e o fogo do castigo e que julga os atos humanos com insensível severidade. Elas deturpam assim o verdadeiro conceito de Deus como Pai Celestial, afetuoso e compassivo, atribuindo-Lhe a falsa imagem de um tirano vingativo, inflexível, incapaz de perdoar. Mas os devotos que comungam com Deus sabem que é tolice concebê-Lo diferente de um Ser Compassivo, receptáculo infinito de todo amor e bondade.

❖ ❖ ❖

Deus é Bem-aventurança Eterna. Seu ser é amor, sabedoria e alegria. Ele é tanto impessoal quanto pessoal e Se manifesta de qualquer modo que Ele queira. Aparece aos Seus santos na forma preferida por cada um deles: um cristão vê Cristo, um hindu vê Krishna ou a Mãe Divina, e assim por diante. Devotos que O adoram na forma impessoal tornam-se conscientes do Senhor como Luz infinita ou como o maravilhoso som de *Om*, o Verbo primordial, o Espírito Santo. A suprema experiência que o homem pode ter é sentir essa Bem-aventurança, na qual todos os outros aspectos da Divindade – amor, sabedoria e imortalidade – estão plenamente incluídos.

Mas como poderia eu transmitir com palavras a natureza de Deus? Ele é inefável, indescritível. Só por meio da meditação profunda é que você conhecerá Sua singular essência.

Prova da resposta de Deus

– Senhor, não acho que eu esteja progredindo em minhas meditações. Nada vejo e nada ouço – disse um estudante. Paramahansa Yogananda respondeu-lhe:

– Busque Deus por amor a Ele próprio. A percepção suprema é senti-Lo como Bem-aventurança brotando de suas infinitas profundezas. Não anseie por visões, fenômenos espirituais, nem por experiências emocionantes. O caminho para Deus não é um circo!

❖ ❖ ❖

Uma causa comum de desapontamento espiritual para o devoto é sua expectativa de que a resposta de Deus venha em forma de um assombroso jorro de iluminação interna. Essa noção equivocada embota a percepção do devoto para as sutis respostas divinas que ocorrem desde o início das práticas meditativas. Deus responde a cada esforço do devoto, a cada apelo devocional. Mesmo como principiante, isso será perceptível na sua própria busca se aprender a reconhecê-Lo como a silenciosa paz interna que chega furtivamente à sua consciência. Essa paz é a primeira prova da presença de Deus no seu interior. Você saberá que foi Ele quem o guiou e inspirou a tomar certas decisões na vida. Você sentirá a força Dele dando-lhe poder para superar maus hábitos e para nutrir as qualidades espirituais. Você O conhecerá como amor e alegria sempre crescentes, que jorram das profundezas do seu ser, transbordando nos relacionamentos da sua vida cotidiana.

❖ ❖ ❖

Quanto maior a paz sentida na meditação, mais próximo você estará de Deus. Ele Se aproxima cada vez mais de você à medida que você entra em meditação mais profunda. A paz da meditação é a linguagem e o abraço consolador de Deus. Portanto, Deus está presente exatamente no trono de paz dentro de você. Encontre-O ali primeiro, e irá encontrá-Lo em todos os nobres empreendimentos da vida, nos verdadeiros amigos, na beleza da natureza, nos bons livros, nos bons pensamentos, nas aspirações nobres. (...) Quando tiver a experiência de Deus como paz interna, então você O perceberá como paz existente na harmonia universal de todas as coisas lá fora.

❖ ❖ ❖

– Embora eu procure acalmar a mente, não sou capaz de banir os pensamentos inquietos e penetrar no mundo interior – comentou um visitante. – Deve estar me faltando devoção.

– Sentar em silêncio tentando sentir devoção geralmente não leva a nada – disse Paramahansa Yogananda. – É por isso que ensino técnicas científicas de meditação. Pratique-as e você será capaz de desligar a mente das distrações sensoriais e do fluxo incessante dos pensamentos.

– Por meio da *Kriya Yoga*, a consciência da pessoa funciona num plano mais elevado; a devoção ao Espírito Infinito, então, surge espontaneamente no seu coração.

❖ ❖ ❖

A prova essencial da Autorrealização – da consciência de Deus em você – é ser verdadeira e incondicionalmente feliz. Se você sente cada vez mais alegria na meditação, ininterruptamente, pode ter certeza de que Deus está manifestando sua presença em você.

❖ ❖ ❖

Às vezes, mesmo devotos verdadeiros pensam que Deus não atende às suas preces. Ele silenciosamente responde por meio das Suas leis. Mas enquanto não estiver absolutamente seguro em relação ao devoto, Deus não responderá abertamente, nem falará com ele. O Senhor do universo é tão humilde que não fala, pois poderia assim influenciar o livre-arbítrio do devoto, que tem a liberdade de aceitá-Lo ou rejeitá-Lo. Uma vez que você O conheça, sem dúvida O amará. Quem poderia resistir ao Irresistível? Contudo, você tem que provar o seu amor incondicional a Deus a fim de conhecê-Lo. É preciso que tenha fé. É preciso saber que, enquanto você ora, Ele o está escutando. Então, Ele Se revelará a você.

❖ ❖ ❖

Quando Deus não responde às suas orações é porque você não tem fervor. Se você Lhe oferecer simulacros secos de oração, não pode esperar atrair a atenção do Pai Celestial. A única maneira de alcançar Deus por meio de orações é a persistência, a regularidade e a profundidade do fervor. Elimine de sua mente toda a negatividade, como por exemplo o medo, as preocupações, a ira, preenchendo-a com pensamentos de amor, serviço e alegre expectativa. No santuário do seu coração precisa estar entronizado um poder, um júbilo, uma paz – Deus.

O elemento pessoal na busca de Deus

Existe um elemento pessoal na busca de Deus que é mais importante do que o domínio de toda a ciência da *Yoga*. O Pai Celestial quer Se certificar de que os Seus filhos desejam somente a Ele, que não se satisfarão com qualquer outra coisa. Quando Deus é levado a sentir que Ele não é o primeiro no coração do devoto, Ele se afasta. Mas ao que diz: "Ó Senhor, não me importo de não dormir esta noite, contanto que eu esteja Contigo", Ele virá. É garantido! Saindo de trás das incontáveis telas deste mundo misterioso, o Governante da criação Se revelará por trás de cada um. Ele fala aos Seus devotos verdadeiros, brinca de esconder com eles. Às vezes Ele subitamente revela uma confortadora verdade quando a pessoa está preocupada. A seu tempo, direta ou indiretamente, Ele atende todos os desejos de Seu devoto.

❖ ❖ ❖

Persuadir a Deus para que Se revele requer um empenho constante e ininterrupto que ninguém pode lhe ensinar. Você tem que desenvolvê-lo sozinho. "Pode-se levar um cavalo ao rio, mas não se pode forçá-lo a beber". Porém, quando sentir sede, o cavalo procurará a água com grande determinação. Assim, quando você tiver uma sede imensa pela Divindade, quando não der importância indevida a qualquer outra coisa – os testes do mundo ou os testes do corpo –, Ele virá.

❖ ❖ ❖

O fator mais importante para se triunfar com Deus é possuir esse desejo resoluto.

❖ ❖ ❖

Embora Deus ouça todas as nossas orações, Ele nem sempre responde. Nossa situação é semelhante à da criança que chama a mãe, mas a mãe não acha que seja preciso ir. Ela dá um brinquedo à criança para sossegá-la. Mas quando a criança se recusa a consolar-se com qualquer coisa que não seja a presença materna, ela vai. Se você quiser conhecer Deus, tem que ser como a criança manhosa que chora até que a mãe venha.

❖ ❖ ❖

Não se levante depois de uma ou duas irradiações mentais, mas com uma determinação pessoal ininterrupta prossiga [afirmando] conscientemente, com um anseio cada vez maior em seu coração, sem cessar (...) até que sinta a crescente emoção da alegria irrompendo em todo o seu corpo.

❖ ❖ ❖

Quando sentir uma emocionante irrupção de alegria se expandindo no seu coração e em todo o seu corpo, e quando ela continuar a crescer mesmo depois da meditação, você terá recebido a única prova segura de que Deus respondeu por meio do rádio do seu coração devocionalmente sintonizado com Ele.

❖ ❖ ❖

Em Deus você encontrará o amor de todos os corações. Achará plenitude. Tudo aquilo que o mundo lhe dá e depois retira, deixando-o na dor ou na desilusão, você encontrará em Deus em muito maior escala, e sem a tristeza subsequente.

❖ ❖ ❖

Ele é o mais próximo dos que estão próximos, o mais querido entre os queridos. Ame-O como o avarento ama o dinheiro, como o homem apaixonado ama a sua amada, como a pessoa que está se afogando quer o ar. Quando ansiar por Deus com intensidade, Ele virá a você.

❖ ❖ ❖

O Caçador de Corações quer apenas o seu amor sincero. Ele é como uma criança: alguém pode Lhe oferecer toda a sua fortuna e Ele não a quer; um outro clama: "Ó Senhor, eu Te amo!" e para o coração desse devoto Ele virá correndo.

❖ ❖ ❖

Deus não o forçará a desejá-Lo acima de tudo, porque Ele quer que o seu amor seja oferecido livremente, sem nenhuma espécie de "provocação". Eis todo o segredo do jogo deste universo. Aquele que nos criou anseia por nosso amor. Ele quer que Lhe demos nosso amor espontaneamente, sem que Ele peça. Nosso amor é a única coisa que Deus não possui, a menos que queiramos concedê-lo a Ele. Assim – veja você – até o Senhor tem algo para obter: nosso amor. E jamais seremos felizes enquanto não Lho dermos.

❖ ❖ ❖

O maior amor que você pode viver é a comunhão com Deus na meditação. O amor entre a alma e o Espírito é o amor perfeito, o amor que todos estamos procurando. Quando você medita, o amor cresce. Milhões de emoções atravessam o seu coração. (...) Se meditar profundamente, virá a você um amor tal que a língua humana não pode descrever; você conhecerá Seu divino amor e será capaz de dar esse amor puro aos demais.

❖ ❖ ❖

Se você pudesse sentir pelo menos uma partícula do amor divino, tão grande seria a sua alegria – tão avassaladora – que você não a poderia conter.

❖ ❖ ❖

Se estivermos em sintonia com Deus, nossa percepção será ilimitada, permeando todos os recantos do fluxo oceânico da Presença Divina. Quando se conhece o Espírito e quando conhecemos a nós mesmos como Espírito, não há diferença entre a terra firme e o mar, nem entre a terra e o céu – tudo é Ele. A dissolução de tudo no Espírito

A Meta Suprema

é um estado que ninguém pode descrever. Sente-se uma grande bem-aventurança – plenitude eterna de alegria, conhecimento e amor.

❖ ❖ ❖

O amor de Deus, o amor do Espírito, é um amor que tudo consome. Uma vez que você o experimente, ele o levará cada vez mais para os domínios da eternidade. Esse amor jamais será arrancado de seu coração. Ali ele queimará, e no seu fogo você encontrará o grande magnetismo do Espírito, que arrasta os outros para você e atrai o que quer que você verdadeiramente necessite ou deseje.

Eu lhe digo, em verdade, que todas as minhas perguntas foram respondidas, não pelo homem mas por Deus. Ele existe. Ele existe. É o espírito Dele que lhes fala por meu intermédio. É do amor Dele que lhes falo. Frêmito após frêmito! Como brisa suave, o amor Dele apodera-se da alma. Dia e noite, semana após semana, ano após ano, continua crescendo... você não sabe onde vai terminar. E isso é o que estão buscando, cada um de vocês. Você pensa que quer amor humano e prosperidade, mas por trás dessas coisas é seu Pai quem o está chamando. Se você compreender que Ele é maior que todos os Seus dons, você O achará.

❖ ❖ ❖

O homem veio à Terra só para aprender a conhecer a Deus. Não é por outra razão que ele está aqui. Essa é a verdadeira mensagem do Senhor. A todos aqueles que O procuram e O amam, Ele fala dessa grande Vida onde não há dor, nem velhice, nem guerras, nem morte – apenas uma eterna segurança. Nessa Vida nada é destruído. Existe apenas felicidade inefável, que jamais entedia – uma felicidade sempre-nova.

É por isso que vale a pena buscar Deus. Todos os que O procuram sinceramente, com toda a certeza O encontrarão. Aqueles que querem amar o Senhor e anseiam por entrar em Seu reino e que, em seus corações, desejam sinceramente conhecê-Lo, O encontrarão. Você precisa ter por Ele um desejo que cresça sempre, dia e noite. Ele reconhecerá seu amor realizando a promessa que lhe fez pela eternidade afora, e você conhecerá uma alegria e uma felicidade intermináveis. Tudo é luz, tudo é alegria, tudo é paz, tudo é amor. Ele é tudo.

Orações e afirmações

Ensina-me a encontrar Tua presença no altar da minha paz constante e na alegria que jorra da meditação profunda.

❖ ❖ ❖

Abençoa-me para que eu possa Te encontrar no templo de cada pensamento e de cada atividade. Ao Te encontrar dentro de mim, eu Te encontrarei fora, em todas as pessoas e em todas as condições.

A RESPEITO DO AUTOR

Os ideais do amor por Deus e de serviço à humanidade manifestaram-se plenamente na vida de Paramahansa Yogananda. (…) Embora tenha passado fora da Índia a maior parte de sua vida, seu lugar é entre os nossos grandes santos. Sua obra continua a crescer e a luzir cada vez mais, sempre com maior brilho, levando pessoas de todos os recantos para o caminho da peregrinação em busca do Espírito.

> – Excerto de homenagem feita pelo Governo da Índia ao lançar um selo comemorativo em memória de Paramahansa Yogananda

Nascido na Índia em 5 de janeiro de 1893, Paramahansa Yogananda devotou sua vida a ajudar pessoas de todas as raças e credos a compreender e manifestar mais plenamente em suas vidas a beleza, a nobreza e a verdadeira divindade do espírito humano.

Após ter colado grau na Universidade de Calcutá em 1915, Sri Yogananda fez os votos solenes de um monge da venerável Ordem indiana dos *Swamis*. Dois anos mais tarde, iniciou a obra da sua vida com a fundação de uma escola da "arte de viver" – que, desde então, cresceria para transformar-se em 17 instituições educacionais por toda a Índia. Ali ministravam-se as matérias acadêmicas tradicionais juntamente com o treinamento em yoga e educação nos ideais espirituais. Em 1920, foi convidado para ser delegado da Índia em um Congresso Internacional de Religiosos Liberais em Boston. Seu discurso no Congresso e subsequentes conferências pela costa leste dos Estados Unidos foram recebidos com entusiasmo, e em 1924 ele empreendeu uma viagem para proferir palestras através do continente.

Ao longo das três décadas seguintes, Paramahansa Yogananda contribuiu, em trabalhos de largo alcance, para promover maior consciência e melhor apreciação, no Ocidente, da sabedoria espiritual do Oriente. Em Los Angeles, estabeleceu a sede central internacional da *Self-Realization Fellowship*, a organização religiosa não sectária por ele fundada em 1920. Por meio de seus escritos, longas viagens de conferências e a criação de numerosos templos e centros de meditação da *Self-Realization Fellowship*, ele instruiu milhares de buscadores da verdade na antiga ciência e filosofia da *Yoga* e seus métodos de meditação universalmente aplicáveis.

Hoje, a obra humanitária e espiritual iniciada por Paramahansa Yogananda continua sob a direção de Irmão Chidananda, presidente da *Self-Realization Fellowship/Yogoda Satsanga Society of India*. Além de publicar as conferências, obras e palestras informais de Paramahansa Yogananda (inclusive uma série abrangente de lições para estudo em casa), a sociedade também supervisiona seus templos, retiros e centros em todo o mundo, bem como as comunidades monásticas da *Self-Realization* e um Círculo Mundial de Orações.

Em artigo sobre a vida e a obra de Sri Yogananda, Dr. Quincy Howe Jr., professor de idiomas antigos do *Scripps College*, escreveu: "Paramahansa Yogananda trouxe para o Ocidente não apenas a promessa eterna da real percepção de Deus que a

Índia nos oferece, mas também um método prático pelo qual os aspirantes espirituais em todas as situações da vida podem perseguir essa meta com rapidez. Apreciado no Ocidente, inicialmente, apenas em nível mais elevado e abstrato, o legado espiritual da Índia está agora acessível como experiência prática para todos aqueles que anelam por conhecer a Deus, não no além, mas aqui e agora. (...) Yogananda pôs os métodos de contemplação mais elevados ao alcance de todos."

A vida e os ensinamentos de Paramahansa Yogananda estão descritos em sua *Autobiografia de um Iogue* (ver pág. 228). O premiado filme documentário sobre sua vida e obra, intitulado *Awake: A vida de Yogananda*, foi lançado em outubro de 2014.

Paramahansa Yogananda: Um iogue na vida e na morte

Paramahansa Yogananda entrou em *mahasamadhi* (a derradeira vez que um iogue abandona conscientemente seu corpo), em Los Angeles, Califórnia, em 7 de março de 1952, após concluir seu discurso num banquete em homenagem a Sua Excelência Binay R. Sen, embaixador da Índia.

O grande instrutor mundial demonstrou o valor da *yoga* (técnicas científicas para chegar à realização divina) não apenas em vida, como também na morte. Semanas após haver partido, sua face inalterada brilhava com o divino esplendor da incorruptibilidade.

O Sr. Harry T. Rowe, diretor do Cemitério de *Forest Lawn*, de Los Angeles (onde o corpo do grande mestre jaz temporariamente), enviou à *Self-Realization Fellowship* uma carta autenticada da qual se extraem os seguintes trechos:

"A ausência de quaisquer sinais visíveis de decomposição no cadáver de Paramahansa Yogananda constitui o mais extraordinário caso de nossa experiência. (...) Nenhuma desintegração física era visível no seu corpo mesmo vinte dias após a morte. (...) Nenhum indício de bolor revelava-se na pele e nenhum dessecamento (secagem) ocorreu nos tecidos orgânicos. Tal estado de preservação perfeita de um corpo, até onde vão nossos conhecimentos dos anais mortuários, não tem paralelo. (...) Ao receber o corpo de Yogananda, os funcionários do cemitério esperavam observar, através da tampa de vidro do caixão, os costumeiros e progressivos sinais de decomposição física. Nossa admiração crescia à medida que os dias passavam sem trazer qualquer mudança visível no corpo em observação. O corpo de Yogananda estava aparentemente num estado fenomenal de imutabilidade.

"Nenhum odor de decomposição emanou de seu corpo em qualquer momento. (...) A aparência física de Yogananda em 27 de março, pouco antes de ser colocada a tampa de bronze no ataúde, era a mesma de 7 de março. Ele parecia, em 27 de março, tão cheio de frescor e intocado pela corruptibilidade como na noite de sua morte. Em 27 de março não havia, em absoluto, motivo para se afirmar que seu corpo houvesse sofrido qualquer desintegração física visível. Por essas razões, declaramos novamente que o caso de Paramahansa Yogananda é único em nossa experiência."

Recursos adicionais aos ensinamentos de *Kriya Yoga* de Paramahansa Yogananda

A *Self-Realization Fellowship* dedica-se a auxiliar sem restrições os que buscam a verdade em todo o mundo. Para informações a respeito de nossas séries anuais de aulas e conferências públicas, meditações e serviços inspiradores em nossos templos e centros em todo o mundo, agendamento de retiros e outras atividades, convidamos o leitor a visitar nosso *website* ou nossa Sede Internacional:

www.yogananda.org

Self-Realization Fellowship
3880 San Rafael Avenue
Los Angeles, CA 90065-3219, USA
00-**-1 (323) 225-2471

LIÇÕES DA
SELF-REALIZATION FELLOWSHIP

Orientação e instrução pessoal de Paramahansa
Yogananda sobre as técnicas de meditação iogue e os
princípios do viver espiritual

Se você se sente atraído pelos ensinamentos espirituais de Paramahansa, está convidado a inscrever-se para receber as *Lições da Self-Realization Fellowship*.

Paramahansa Yogananda criou esta série para estudo em casa a fim de dar aos buscadores sinceros a oportunidade de aprender e praticar as antigas técnicas de meditação iogue que ele trouxe para o Ocidente — incluindo a ciência de *Kriya Yoga*. As *Lições* também contêm sua orientação prática para que se alcance o bem-estar físico, mental e espiritual equilibrado.

As *Lições da Self-Realization Fellowship* estão disponíveis a uma taxa nominal (apenas para cobrir os custos de impressão e correio). A todos os estudantes é dada, gratuitamente, por monges e monjas da *Self-Realization Fellowship*, orientação pessoal em sua prática.

Visite www.srflessons.org para solicitar um abrangente pacote de informações gratuitas a respeito das *Lições*, que inclui:

- "Visão geral das *Lições da Self-Realization Fellowship*: Informações sobre a série de Paramahansa Yogananda para estudo em casa"
- "Supremas conquistas por meio da *Self-Realization*", de Paramahansa Yogananda — uma introdução completa aos ensinamentos apresentados nas *Lições da SRF*

Objetivos e Ideais
da *Self-Realization Fellowship*

*Conforme estabelecidos por
Paramahansa Yogananda, fundador
Irmão Chidananda, presidente*

Disseminar entre as nações o conhecimento de técnicas científicas definidas para atingir a experiência pessoal e direta de Deus.

Ensinar que o propósito da vida é a evolução, mediante o esforço pessoal, da consciência mortal limitada do homem para a Consciência de Deus e, para esse fim, estabelecer templos da *Self-Realization Fellowship*, no mundo todo, para a comunhão com Deus, e estimular o estabelecimento de templos individuais para Deus nos lares e nos corações dos homens.

Revelar a unidade básica e a completa harmonia entre o Cristianismo original ensinado por Jesus Cristo e a *Yoga* original ensinada por Bhagavan Krishna, e mostrar que esses princípios da verdade são o fundamento científico comum de todas as verdadeiras religiões.

Apontar a divina e única estrada preferencial para a qual todas as sendas das verdadeiras crenças religiosas levam afinal: a estrada da meditação em Deus, diária, científica e devocional.

Libertar o homem de seu tríplice sofrimento: a doença física, as desarmonias mentais e a ignorância espiritual.

Estimular o "viver com simplicidade e pensar com elevação" e difundir o espírito de fraternidade entre todos os povos, ensinando-lhes o eterno alicerce de sua unidade: a filiação a Deus.

Demonstrar a superioridade da mente sobre o corpo, e da alma sobre a mente.

Vencer o mal com o bem, a tristeza com a alegria, a crueldade com a afabilidade, a ignorância com a sabedoria.

Unir a ciência e a religião mediante a compreensão da unidade de seus princípios subjacentes.

Preconizar a compreensão cultural e espiritual entre o Oriente e o Ocidente e o intercâmbio de suas características distintivas mais refinadas.

Servir à humanidade como seu próprio Eu ampliado.

Também publicada pela Self-Realization Fellowship:

AUTOBIOGRAFIA DE UM IOGUE

Paramahansa Yogananda

Esta consagrada autobiografia apresenta o retrato fascinante de uma das maiores personalidades espirituais contemporâneas. Com envolvente franqueza, eloquência e fino humor, Paramahansa Yogananda narra as passagens inspiradoras de sua vida: as experiências de sua infância extraordinária; os encontros com numerosos santos e sábios durante sua busca, por toda a Índia, de um instrutor iluminado; os dez anos de treinamento no eremitério de um respeitado mestre iogue; e os trinta anos que viveu – e durante os quais ensinou – na América. Registra, também, seus encontros com Mahatma Gandhi, Rabindranath Tagore, Luther Burbank, a estigmatizada católica Teresa Neumann e outras personalidades notáveis do Oriente e do Ocidente.

Autobiografia de um Iogue é, ao mesmo tempo, um belo relato de uma vida excepcional e uma introdução profunda à ciência milenar da *Yoga*, com sua tradição imemorial de meditação. O autor explica claramente as leis sutis, mas definidas, implícitas tanto nos fatos corriqueiros da vida cotidiana quanto nos acontecimentos extraordinários que costumam ser chamados de milagres. A história absorvente de sua vida se torna, então, o pano de fundo de um exame penetrante e inesquecível dos mistérios supremos da existência humana.

Publicado em 1946 e ampliado por Paramahansa Yogananda em 1951, o livro tem sido reimpresso permanentemente pela *Self-Realization Fellowship*. Considerada um clássico espiritual moderno, a obra já foi traduzida para mais de 50 idiomas e é amplamente utilizada como livro de texto e de referência em escolas e universidades.

Esta edição completa é a única que reúne todas as modificações que o autor desejou para a versão final do texto, inclusive o extenso material que ele acrescentou à edição original de 1946. *Best-seller* permanente desde sua publicação, para mais de 70 anos, *Autobiografia de um Iogue* conquistou os corações de milhares de leitores ao redor do mundo.

"Um raro relato."
The New York Times

"Mantenho exemplares da *Autobiografia de um Iogue* espalhados pela casa e constantemente a dou de presente a pessoas que precisam mudar de vida. Eu digo: Leia isto, porque este livro toca o coração de todas as religiões."
George Harrison

"Pura revelação (...) narrada com um humor delicioso e uma sinceridade arrebatadora (...) fascinante como um romance."
***News-Sentinel*, Fort Wayne, Indiana**

LIVROS DE PARAMAHANSA YOGANANDA

Disponíveis nas livrarias ou por intermédio da:

DISTRIBUIDORA OMNISCIÊNCIA
www.omnisciencia.com.br

- *Autobiografia de um Iogue*
- *Deus Fala com Arjuna: O Bhagavad Gita -* Nova tradução e comentário (Volumes I e II)
- *A Segunda Vinda de Cristo: A ressurreição do Cristo Interior* – Comentário revelador dos ensinamentos originais de Jesus (Volumes I, II e III)
- *A Eterna Busca do Homem*
- *O Romance com Deus*
- *Jornada para a Autorrealização*
- *A Yoga do Bhagavad Gita*
- *A Yoga de Jesus*
- *Afirmações Científicas de Cura*
- *Meditações Metafísicas*
- *A Ciência da Religião*
- *No Santuário da Alma:* Como orar para obter a resposta divina
- *Paz Interior:* Como ser calmamente ativo e ativamente calmo
- *Assim Falava Paramahansa Yogananda*
- *A Lei do Sucesso*
- *Como Falar com Deus*
- *Viva Sem Medo:* Como revelar a sua força espiritual interior

- *Para Ser Vitorioso na Vida*
- *Por Que Deus Permite o Mal e Como Superá-lo*

Livros de outros autores:

Swami Sri Yukteswar
- *A Ciência Sagrada*

Sri Daya Mata
- *"Só o Amor":* Como viver espiritualmente num mundo em transformação
- *No Silêncio do Coração:* Como criar um relacionamento amoroso com Deus
- *Intuição:* Orientação da alma para as decisões da vida

COLEÇÃO "A ARTE DE VIVER":

Livretes contendo palestras de Paramahansa Yogananda ou de discípulos seus.

Paramahansa Yogananda
- *A Cura pelo Poder Ilimitado de Deus*

Sri Mrinalini Mata
- *O Relacionamento Guru-Discípulo*

Brother Anandamoy
- *Casamento Espiritual*

COLEÇÃO INFANTO-JUVENIL:

- *Dois Sapos em Apuros:* Baseado numa fábula narrada por Paramahansa Yogananda

Vídeo em DVD:
- *Awake: A vida de Yogananda*
  Um filme de CounterPoint Films

Para solicitar um pacote abrangente de informações suplementares sobre as *Lições*, visite www.srflessons.org.

Para receber um catálogo completo das publicações da *Self-Realization Fellowship*, incluindo CDs e DVDs, queira escrever, enviar um fax ou telefonar para o seguinte endereço:

SELF-REALIZATION FELLOWSHIP
3880 San Rafael Avenue,
Los Angeles, California
90065-3219 USA
Tel.: 00- ** -1 (323) 225-2471
Fax: 00- ** -1 (323) 225-5088
www.yogananda.org

GLOSSÁRIO

Autorrealização. Paramahansa Yogananda definiu este termo da seguinte maneira: "Autorrealização é o conhecimento – percebido mediante o corpo, a mente e a alma – de que somos um com a onipresença de Deus, de que não temos que orar para que ela venha a nós, de que não estamos, meramente, sempre próximos dela, mas de que a onipresença de Deus é nossa própria onipresença, de que somos parte Dele agora, tal qual haveremos sempre de ser. Só o que precisamos é aperfeiçoar nosso conhecimento."

avatar. Encarnação divina; do sânscrito *avatara*, cujos radicais são *ava*, " para baixo", e *tri*, "passar". Aquele que, após alcançar a união com o Espírito, retorna à Terra para ajudar a humanidade é chamado "avatar".

Bhagavad Gita. "Canção do Senhor". Antiga escritura indiana que consiste de dezoito capítulos da epopeia *Mahabharata*, apresentada sob a forma de um diálogo entre o Senhor Krishna, um avatar*,[1] e seu discípulo Arjuna, na véspera da histórica batalha de Kurukshetra, o *Gita* é um profundo tratado da ciência da *Yoga** (união com Deus) e uma intemporal receita de felicidade e êxito na vida cotidiana. Mahatma Gandhi escreveu a respeito dessa escritura universal: "Aqueles que meditarem no *Gita*, dele derivarão uma alegria renovada e novos significados a cada dia. Não há uma única complicação espiritual que o Gita não possa deslindar."

As citações do *Bhagavad Gita* no texto e nas notas de rodapé deste livro são traduções que o próprio Paramahansa Yogananda fez, diretamente do sânscrito, algumas vezes literalmente e outras vezes em forma parafraseada.

---

1 O símbolo * indica remissão a termos constantes do glossário.

Bhagavan Krishna. Avatar* que viveu na antiga Índia séculos antes da era cristã. Um dos significados atribuídos à palavra Krishna nas escrituras hindus é "Espírito Onisciente". Assim, Krishna, como Cristo, é um título que significa a magnitude espiritual do avatar, sua unidade com Deus. (Ver *Consciência Crística*.) O título *Bhagavan* significa "Senhor".

bulbo raquiano. O principal ponto de entrada da força vital (*prana*) no corpo; sede do sexto centro cerebrospinal, cuja função consiste em receber e dirigir o fluxo que vem da energia cósmica. A força vital é armazenada no sétimo centro (*sahasrara*), na parte superior do cérebro. Desse reservatório é distribuída para todo o corpo. O centro sutil localizado no bulbo raquiano é o interruptor principal que controla a entrada, o armazenamento e a distribuição da força vital.

centro crístico. Centro corporal da concentração e da vontade, situado entre as sobrancelhas. Sede da Consciência Crística* e do olho espiritual*

chakras. Na *Yoga*, os sete centros de vida e consciência, ocultos na coluna vertebral e no cérebro, que vitalizam os corpos astral e físico do homem. Esses centros chamam-se *chakras* ("rodas") porque a energia concentrada em cada um assemelha-se a um cubo de roda, de que partem raios de luz e energia vital. Em ordem ascendente, são estes os *chakras*: *muladhara* (o coccígeo, na base da coluna); *svadhisthana* (o sacro, cinco centímetros acima do *muladhara*); *manipura* (o lombar, oposto ao umbigo); *anahata* (o dorsal, oposto ao coração); *vishuddha* (o cervical, na base do pescoço); *ajna* (tradicionalmente localizado entre as sobrancelhas mas, na realidade, diretamente conexo por polaridade ao bulbo raquiano; veja também bulbo raquiano e olho espiritual); e *sahasrara* (na parte superior do cérebro).

Os sete centros são saídas divinamente planejadas ou "alçapões" através dos quais a alma desceu ao corpo e por onde deve reascender pelo processo da meditação. Em sete etapas sucessivas, a alma escapa para a Consciência Cósmica. Em sua passagem consciente pelos sete centros cerebrospinais abertos ou "despertados", a alma percorre a autoestrada para o Infinito, verdadeira via pela qual deve inverter sua trajetória anterior e voltar a unir-se a Deus.

Os tratados de *yoga* geralmente consideram *chakras* apenas os seis centros inferiores, referindo-se ao sahasrara separadamente, como um sétimo centro. Todos os sete, porém, costumam ser comparados a flores de lótus, cujas pétalas se abrem ou se voltam para cima durante o despertar espiritual, quando a vida e a consciência sobem pela coluna vertebral.

Consciência Cósmica. O Absoluto, o Espírito além da criação. Significa também o estado de *samadhi**, oriundo da meditação, estado de união com Deus, tanto dentro da criação vibratória quanto transcendente a ela.

Consciência Crística. "Cristo" ou "Consciência Crística" é a consciência projetada de Deus, imanente em toda a criação. Nas escrituras cristãs, é chamada de "o filho unigênito", o único reflexo puro de Deus Pai na criação. Nas escrituras hindus, chama-se *Kutastha Chaitanya*, a inteligência cósmica do Espírito, presente em toda parte, na criação. É a consciência universal, a unidade com Deus, manifestada por Jesus, Krishna e outros avatares*. Os grandes santos e iogues* a conhecem pelo estado de *samadhi**, em que a sua consciência individual passa a se identificar com a inteligência presente em cada partícula da criação; sentem todo o universo como seu próprio corpo.

egoísmo. O princípio do ego, *ahamkara*, em sânscrito (literalmente, "eu faço"), é a causa básica do dualismo ou aparente separação entre o homem e seu Criador. O egoísmo leva os seres humanos a submeterem-se ao jugo de *maya** que faz a alma se sentir ilusoriamente identificada com as limitações da consciência do corpo, esquecendo-se da sua unidade com Deus, o Único Autor. (Ver *Eu [Self]*.)

Eu [*Self*]. Com letra maiúscula, designa o "*atman*" ou alma, a essência divina do homem, diferente do eu comum que constitui a personalidade humana, ou ego. O Eu é o Espírito individualizado, cuja natureza essencial é eterna, sempre consciente, sempre-nova Bem-aventurança. O Eu, ou alma, é a fonte interna do amor, sabedoria, paz, coragem, compaixão e de todos os outros atributos divinos no homem.

guru. Mestre espiritual. Embora a palavra guru seja muitas vezes usada incorretamente para designar um simples professor ou instrutor, um verdadeiro guru, divinamente iluminado, é aquele que, ao alcançar o autodomínio, realizou a sua identidade com o Espírito onipresente. Tal indivíduo está singularmente qualificado para guiar os que buscam a verdade em sua jornada para a realização divina interior.

iogue. Indivíduo que pratica *Yoga**. Ele ou ela pode ser casado(a) ou solteiro(a), pessoa de responsabilidades mundanas ou que tenha feito votos religiosos formais.

karma. Efeito de ações passadas, desta vida ou de vidas anteriores. Do sânscrito *kri*, fazer. A lei do *karma*, que promove o equilíbrio, é a lei da ação e reação, causa e efeito, semeadura e colheita. Segundo uma justiça natural, cada ser humano, por meio de seus pensamentos e ações, torna-se artífice de seu próprio destino. Quaisquer que sejam as energias que ele próprio, sensata ou insensatamente, coloque em movimento, elas devem voltar para ele, que as originou, como um círculo que, inexoravelmente,

Glossário

se fecha sobre si. O entendimento do *karma* como lei da justiça serve para libertar a mente humana do ressentimento contra Deus e contra o homem. O *karma* de uma pessoa segue-a, encarnação após encarnação, até que se cumpra ou seja transcendido espiritualmente. (Ver *reencarnação*.)

Krishna. Ver *Bhagavan Krishna*.

Kriya Yoga. Sagrada ciência espiritual que se originou na Índia, há milênios. Inclui determinadas técnicas de meditação* cuja prática devotada leva à experiência pessoal e direta de Deus. *Kriya Yoga*, uma forma de *Raja Yoga* (*Yoga** "régia" ou "completa") é exaltada por Krishna* no *Bhagavad Gita**, e por Patânjali, nos *Yoga Sutras*. A *Kriya Yoga* foi recuperada, em nossa era, por Mahavatar Babaji*, que escolheu Paramahansa Yogananda para tornar disponível para o mundo essa ciência sagrada e para estabelecer uma sociedade que garantisse sua preservação, na pureza da forma original, para gerações futuras. *Kriya Yoga* é explicada no capítulo 26 do livro *Autobiografia de um Iogue* e ensinada aos estudantes da *Self-Realization Fellowship** que preenchem determinados requisitos espirituais.

Lahiri Mahasaya. Lahiri era o nome de família de Shyama Charan Lahiri (1828-1895). *Mahasaya*, um título religioso sânscrito, significa "mente ampla". Lahiri Mahasaya foi discípulo de Mahavatar Babaji e guru* de Swami Sri Yukteswar* (guru* de Paramahansa Yogananda). Foi a Lahiri Mahasaya que Mahavatar Babaji revelou a antiga, quase perdida, ciência da *Kriya Yoga**. Figura fundamental no renascimento da *Yoga** na Índia moderna, instruiu e abençoou incontáveis buscadores que vieram a ele, independentemente de casta ou de credo. Foi um mestre crístico dotado de poderes milagrosos, mas também um homem de família com responsabilidades de negócios, que demonstrou ao mundo moderno como alcançar uma vida equilibrada, combinando meditação com o desempenho correto dos deveres externos. A vida de Lahiri Mahasaya está descrita no livro *Autobiografia de um Iogue*.

Lições da Self-Realization Fellowship. Os ensinamentos de Paramahansa Yogananda, compilados numa série abrangente de lições para estudo em casa, disponíveis a pessoas que buscam sinceramente a verdade em qualquer parte do mundo. Essas lições contêm as técnicas de meditação iogue ensinadas por Paramahansa Yogananda, inclusive, para os que preenchem certos requisitos, a técnica de *Kriya Yoga**. Podem ser solicitadas informações sobre essas lições à Sede Internacional da *Self-Realization Fellowship** em Los Angeles.

Mãe Divina. O aspecto de Deus ativo na criação, *shakti*, ou poder do Criador Transcendente. Outros termos para este aspecto da divindade são Natureza ou *Prakriti*, *Om**, Espírito Santo, Vibração da Inteligência Cósmica. Também o aspecto pessoal de Deus como Mãe, corporificando o amor e as qualidades compassivas do Senhor. As escrituras hindus ensinam que Deus é tanto imanente quanto transcendente, tanto pessoal quanto impessoal. Ele pode ser buscado como o Absoluto, como uma de suas qualidades eternas manifestadas, quais sejam, amor, sabedoria, bem-aventurança, luz; ou concebido como Pai Celestial, Mãe e Amigo.

Mahavatar Babaji. *Mahavatar* (grande avatar*) imortal que, em 1861, ensinou a *Kriya Yoga** a Lahiri Mahasaya*, restaurando assim para o mundo a ciência que esteve perdida durante séculos. Informações adicionais sobre sua vida e missão espiritual encontram-se no livro *Autobiografia de um Iogue*. (Ver *avatar*.)

maya. Poder ilusório intrínseco à estrutura da criação, por meio do qual o Um aparece como muitos. *Maya* é o princípio da relatividade, da inversão, do contraste, da dualidade, dos pares de opostos; o Satã (literalmente, "o adversário", em hebraico) dos profetas do Velho Testamento. E o "diabo" a quem Cristo descreveu de maneira pitoresca como "homicida" e "mentiroso", porque "não há verdade nele" (João 8:44). Paramahansa Yogananda escreveu:

"A palavra sânscrita *maya* significa 'a que mede'. Trata-se do poder mágico na criação por meio do qual surge uma aparência de limitação e divisão no Imensurável e no Indivisível. *Maya* é a própria Natureza – os mundos dos fenômenos, sempre em fluxo transicional, como antítese da Imutabilidade Divina.

"No plano de Deus e em Sua diversão (*lila*), a única função de Satã ou *maya* é tentar desviar o homem do Espírito para a matéria, da Realidade para a irrealidade. 'O Diabo peca desde o princípio. Para isto o Filho de Deus se manifestou: para destruir as obras do Diabo' (I João 3:8). Quer dizer, a manifestação da Consciência Crística no próprio ser do homem destrói, sem esforço, as ilusões, ou 'obras do diabo'.

"*Maya* é o véu de transitoriedade na Natureza, o incessante devir da criação; o véu que cada homem deve levantar a fim de ver, detrás dele, o Criador – o sempre Imutável, a Realidade eterna.

"O homem é capaz de criar tanto matéria quanto consciência num ilusório mundo onírico. Portanto, não deveria ser difícil para ele compreender que o Espírito, utilizando o poder de maya, tenha criado para o homem um mundo onírico da 'vida', ou existência consciente, que é, em essência, tão falso (porque efêmero, sempre em mutação) quanto as experiências do homem no estado de sono. (...) O homem, em seu aspecto mortal, sonha com dualidades e contrastes – vida e morte, saúde e doença, felicidade e tristeza.

Quando desperta, porém, na consciência da alma, todas as dualidades desaparecem e ele conhece a si próprio como o Espírito Eterno e bem-aventurado."

meditação. Concentração em Deus. O termo é usado em sentido geral para designar a prática de qualquer técnica para interiorizar a atenção e focalizá-la em algum aspecto de Deus. Num sentido específico, a meditação refere-se ao resultado final da prática bem-sucedida dessas técnicas: a experiência direta de Deus por meio da percepção intuitiva. É o sétimo passo (*dhyana*) do caminho de oito passos da *Yoga**, descrito por Patânjali, alcançado somente depois de se atingir a concentração interior fixa, na qual o praticante está inteiramente livre de perturbação pelas impressões sensoriais provenientes do mundo externo. No estado mais profundo de meditação, tem-se a experiência do oitavo passo no caminho da *Yoga**: *samadhi**, comunhão, unidade com Deus. (Ver também *Yoga*.)

mundo astral. Por trás do mundo físico da matéria, existe um mundo astral sutil de luz e energia, e um mundo causal, ou ideacional, de pensamento. Todo ser, todo objeto, toda vibração no plano físico tem o seu correspondente astral, pois no universo astral (céu) está o "modelo" do universo material. Por ocasião da morte, cada indivíduo, embora libertado de sua prisão física, conserva a vestimenta do corpo astral de luz (semelhante, na aparência, à forma terrena deixada para trás) e um corpo causal de pensamento. Ele ascende a uma das numerosas regiões vibratórias do mundo astral ("Na casa de meu Pai há muitas moradas" [João 14:2].) para continuar sua evolução espiritual com a liberdade maior desse reino sutil. Ele permanece ali por um tempo carmicamente predeterminado, até o renascimento físico. (Ver *reencarnação*.)

olho espiritual. O olho único da intuição e da percepção onipresente, no Centro Crístico* (*Kutastha, ajna chakra*) entre as sobrancelhas; a porta de acesso aos estados supremos da consciência divina. Jesus se referiu à luz divina que se percebe através do olho espiritual quando disse: "Sendo pois o teu olho único, também todo o teu corpo será luminoso. (...) Vê pois que a luz que em ti há não sejam trevas" (Lucas 11:34-35).

Om (***Aum***). A raiz ou som primordial que, em sânscrito, simboliza o aspecto de Deus que cria e mantém todas as coisas; vibração cósmica. O *Om* dos Vedas tornou-se a palavra sagrada *Hum* dos tibetanos, o *Amin* dos muçulmanos e o Amém dos egípcios, gregos, romanos, judeus e cristãos. As grandes religiões do mundo declaram que todas as coisas criadas tiveram origem na energia vibratória cósmica de *Om* ou Amém, o Verbo ou Espírito Santo. "No princípio era o Verbo, e o Verbo estava com Deus, e o Verbo era Deus. (...) Todas as coisas foram feitas por ele [o Verbo ou *Om*] e, sem ele, nada do que foi feito se fez" (João 1:1, 3).

Amen, em hebraico, significa *certo, fiel*. "Isto diz o Amém, a testemunha fiel e verdadeira, o princípio da criação de Deus" (Apocalipse 3:14). Exatamente como um som é produzido pela vibração de um motor em funcionamento, assim o Som onipresente de *Om* testemunha fielmente o funcionamento do "Motor Cósmico", que sustenta toda a vida e todas as partículas da criação por meio da energia vibratória. Nas *Lições da Self-Realization Fellowship**, Paramahansa Yogananda ensina técnicas de meditação cuja prática produz a experiência direta de Deus como *Om**, ou o Espírito Santo. Essa bem-aventurada comunhão com o invisível Poder divino ("aquele Consolador, o Espírito Santo" [João 14:26]) é a verdadeira base científica da oração.

paramahansa. Um título espiritual que designa aquele que atingiu o estado mais elevado da comunhão ininterrupta com Deus. Só um verdadeiro guru está autorizado a conferi-lo a um discípulo qualificado. Swami Sri Yukteswar* concedeu-o a seu amado discípulo Yogananda em 1935. Paramahansa significa literalmente "cisne supremo". Nas escrituras hindus, o *hansa*, ou cisne, simboliza o discernimento espiritual.

prana. Energia vital ou força vital. Energia inteligente, mais sutil que a atômica. Princípio vital do mundo físico e substância básica do mundo astral*. No mundo físico há duas espécies de *prana*: (1) a energia vibratória cósmica onipresente no universo, que estrutura e mantém todas as coisas; (2) o *prana* ou energia específica que permeia e sustenta cada corpo humano.

Raja Yoga. O caminho "régio" ou mais elevado para a união com Deus. Ensina a meditação científica como o método supremo para perceber Deus, incluindo o que há de mais essencial e elevado em todas as outras formas de *Yoga*. Os ensinamentos de *Raja Yoga* da *Self-Realization Fellowship* oferecem um programa de vida que leva ao perfeito desenvolvimento do corpo, da mente e da alma, baseado nos fundamentos da meditação de *Kriya Yoga**. Veja *Yoga*.

reencarnação. Doutrina de que os seres humanos, compelidos pela lei da evolução, encarnam repetidamente para viverem vidas progressivamente superiores – retardadas pelas ações erradas e pelos desejos, e adiantadas pelas práticas espirituais – até atingirem a Autorrealização e a união com Deus. Tendo, assim, transcendido as limitações e as imperfeições da consciência imortal, a alma fica libertada para sempre da reencarnação compulsória. "A quem vencer, eu o farei coluna no templo do meu Deus, e dele nunca sairá" (Apocalipse 3:12).

O conceito de reencarnação não é exclusivo da filosofia oriental, mas foi tido como verdade fundamental da vida por numerosas civilizações antigas. A igreja cristã primitiva aceitava o princípio da reencarnação que foi exposto pelos gnósticos e por numerosos Padres da Igreja, inclusive Clemente de Alexandria, Orígenes e São Jerônimo. Foi só no Segundo Concílio de Constantinopla, em 553 d.C., que essa doutrina foi retirada oficialmente dos ensinamentos da igreja. Hoje em dia, numerosos pensadores ocidentais estão começando a adotar a ideia da lei do *karma** e da reencarnação, vendo nela uma grande e tranquilizadora explicação das aparentes injustiças da vida.

samadhi. Êxtase espiritual; experiência superconsciente; em última análise, união com Deus como suprema Realidade imanente em tudo. (Ver *superconsciência* e *Yoga*.)

Self-Realization Fellowship. Sociedade fundada por Paramahansa Yogananda nos Estados Unidos da América em 1920 (e como *Yogoda Satsanga Society* na Índia em 1917) para a divulgação, em âmbito mundial, dos princípios espirituais e das técnicas de meditação de *Kriya Yoga**. (Ver "A respeito do autor", página 219.) Paramahansa Yogananda explicou que o nome *Self-Realization Fellowship* significa "associação com Deus por meio da Autorrealização, e amizade com todas as almas que buscam a verdade". (Ver, também, "Objetivos e Ideais da *Self-Realization Fellowship*", páginas 226-7.)

Sri Yukteswar, Swami (1855-1936). Um mestre crístico da Índia moderna, guru* de Paramahansa Yogananda e autor do livro *A Ciência Sagrada*, um tratado sobre a unidade subjacente às escrituras hindus e cristãs. A vida de Sri Yukteswar foi narrada por

Paramahansa Yogananda em seu livro *Autobiografia de um Iogue*.

superconsciência. Consciência da alma: pura, intuitiva, onividente, sempre bem-aventurada. Às vezes usada genericamente para designar os diversos estados de comunhão com Deus experimentados na meditação, mas especificamente o estado inicial, quando se transcende a consciência do ego e se percebe o Eu como alma, feita à imagem de Deus. Seguem-se depois os estados superiores de realização: Consciência Crística* e Consciência Cósmica*.

Yoga. Do sânscrito *yuj*, "união". *Yoga* significa união da alma individual com o Espírito e, também, o conjunto de métodos pelos quais se alcança esse objetivo. Existem vários tipos de métodos de *Yoga*. O que a *Self-Realization Fellowship** ensina é *Raja Yoga*, a *yoga** "régia" ou "completa" que Bhagavan Krishna* expõe no *Bhagavad Gita**.

O sábio Patânjali, máximo expoente da *Yoga* na antiguidade, resumiu em oito passos bem definidos o caminho através do qual o *Raja* iogue* alcança o *samadhi**, ou união com Deus. São eles: 1. *yama*: conduta moral; 2. *niyama*: obrigações religiosas; 3. *asana*: postura correta a fim de extinguir a inquietude do corpo; 4. *pranayama*: controle do *prana*, as correntes vitais sutis; 5. *pratyahara*: interiorização; 6. *dharana*: concentração; 7. *dhyana*: meditação; e 8. *samadhi**: experiência superconsciente.

Yogoda Satsanga Society of India. Nome pelo qual é conhecida na Índia a sociedade fundada por Paramahansa Yogananda em 1917. Sua sede, *Yogoda Math*, fica situada às margens do rio Ganges, em Dakshineswar, próximo a Calcutá, tendo uma filial em Ranchi, Jharkhand. Além dos centros e grupos de meditação* espalhados pela Índia inteira, a *Yogoda Satsanga Society* dispõe de vinte e uma instituições educacionais, desde o nível primário até o universitário. *Yogoda*, palavra cunhada por Paramahansa Yogananda, deriva de *yoga*, "união, harmonia, equilíbrio" e *da*, "aquilo que confere". *Satsanga* significa "associação divina" ou "associação com a Verdade". Para o Ocidente, Paramahansaji traduziu o termo indiano como *Self-Realization Fellowship**.

ÍNDICE TEMÁTICO

afirmações, uso para superar dificuldades, 11, 17, 20, 34, 40 ssq., 48, 70, 77, 95, 120-2, 128, 148, 215. *Ver também* oração.

alegria, 47, 84, 117, 133, 134, 136, 166, 178, 180; ausência de, leva a más ações, 113; encontrada na meditação e na comunhão com Deus, 9, 41, 50, 58, 198, 177, 182, 186; encontrada por meio do autocontrole, 110; natureza da alma,19, 124, 129, 134, 136, 175; natureza de Deus, 40, 54, 102, 134, 137, 138, 196, 210, 211; prova da presença de Deus, 9, 121, 210, 215, 217, 219; traz energia curativa, 37, 39, 44, 50, 121.

alma, o verdadeiro Eu do homem, 4-7, 11, 13, 16-19, 32, 37, 45, 48, 50, 54, 59, 64-66, 79, 84, 88, 90, 91, 95, 96, 99, 100, 110, 113, 115-7, 122, 124, 129, 134, 136, 143, 144, 155-7, 159, 160, 162, 164, 165, 169, 171-4, 179-1, 204, 216, 218; feita à imagem de Deus, 4, 5, 158; imortalidade da, 171, 172; intangida pelas circunstâncias externas, 48, 58, 114, 173; natureza da, 4, 5, 19, 125, 130, 135; percebida na meditação, 4, 5; ver os outros como, 155.

ambiente, 17, 117, 134, 143, 161, 176, 176, 177; influência do, 17, 60, 80, 107, 112, 118, 135, 202.

amizade, 86, 160, 159, 162-9, 180, 184, 209

amor, 87, 94, 112, 131, 134, 155, 180, 181, 204, 205, 213, 215, 216; a Deus, 44, 49, 50, 88, 206, 213, 216; de Deus por seus filhos humanos, 21, 217, 218; definição de, 154; humano versus divino, 154, 169,170; imortalidade do, 165, 180; na relação com osdemais, 55, 136, 143, 148,150-153, 154 ssq.; natureza de Deus, 40, 54, 210, 219; relação com o sexo,162,163; resposta aos problemasdo mundo, 50,53.

atitude, 16, 32, 35, 39, 49, 82, 83, 125, 129, 130, 145, 178, 182.

autoanálise: *ver* introspecção.

autocontrole, desenvolver, 15, 65, 105, 114.

autoestima: *ver* complexo de inferioridade.

autoaprimoramento, 43, 66, 104, 105, 107, 115, 118, 122, 125, 127, 128, 134, 147, 148, 207; aprender pelas experiências da vida, 12, 13; pela meditação, 6; usar afirmações para, 43.

Autorrealização, definição de, 6.

Índice temático

Bhagavan Krishna, 36, 153, 156, 210, 227, 234-7
bem-aventurança: ver alegria.

calma, 87, 100
casamento, leis do casamento bem sucedido, 161-3.
centro crístico, 34, 35, 121, 183.
céu: ver mundo astral.
ciúme, superar, 146, 147, 150.
compaixão, 33, 55, 140, 156, 209.
complexo de inferioridade, superar, 144, 147. Ver também alma.
compreender os demais, 142, 143. Ver também sabedoria.
concentração, 42-4, 56, 76, 128, 135, 202; ciência da, 62, 77; fundamental para encontrar Deus internamente, 6; fundamental para o êxito, 69, 70; para criar e destruir hábitos, 120.
Consciência Crística, 130, 154, 166
consciência, 4, 5, 7, 9, 11, 12, 15-19, 34-36, 38, 41, 48, 53, 59, 77, 78, 79, 87, 94-97, 100, 103-5, 110, 117, 118, 121, 123, 128, 131, 132, 134, 144, 150, 153, 155, 157, 164-6, 170-2, 173, 181, 198, 199, 203-5, 211, 212; orientação interna da, 66, 110. Ver também intuição.
criatividade, 60, 77 ssq., 84, 125, 131, 132.
culpa: ver pecado.

cura, princípios da 37 ssq., 42, 43, 46, 47, 50, 55, 92, 95, 119, 131.

dar-se bem com os demais, 139 ssq., 155 ssq.
desapego (ausência de egoísmo), 15, 52, 53, 85, 86, 133, 145, 154, 159, 165, 166. Ver também serviço aos demais.
desejo por Deus, 40, 44, 62, 93, 101, 110, 112, 113, 149, 154, 177, 200-2, 207, 214
desejos, 119, 141, 146, 158, 162, 167, 170, 218; atitude correta em relação aos, 38, 42, 69, 108.
Deus, 3-5, 7-9, 11, 12-14, 16-20, 36-43, 46-58, 66-69, 72-4, 77, 80-6, 88, 90, 91, 94-6, 98-100, 104, 107, 108, 110-4, 116, 117, 121, 126, 129-32, 134, 136-8, 143, 145, 146, 148-52, 154-57, 162, 165, 166, 169-71, 172, 173, 175, 178-80, 197-205, 207-9, 213, 215, 216-8; encontrar: Ver meditação; natureza de, 6, 150, 200; prova de, 200-12, 215.
devoção, fundamental para encontrar a Deus, 44, 45, 87, 163, 206, 212.
dinheiro: ver prosperidade.
discernimento, qualidade da alma, 15, 53, 62, 63, 66, 78, 107, 108, 122, 128. Ver também sabedoria.
dor, 15, 33, 60, 109, 157, 193, 196; eliminar na hora da morte, 174; propósito da,

31, 50; superar a, 20, 32-6, 102 n.

ego, alma na ilusão, 5, 32, 41, 82, 102, 113, 117, 144, 164
Einstein, Albert, 104
emoções, 161,195; superar as emoções negativas, 92, 146, 148.
energia vital (*prana*), 9, 39, 94
entusiasmo, 83 ssq., 168
equanimidade, 36, 129, 153
equilíbrio, 52, 64, 91, 93, 103; entre as metas materiais e espirituais, 81, 198 ssq., 184; entre a razão e os sentimentos, 63, 157, 158.
estresse: *ver* nervosismo.
Eu *[Self]*, a verdadeira natureza do homem: *ver* alma.
êxito, princípios para alcançar o, 13, 41, 60, 68, 70-2, 73 ssq., 79-1 ssq., 88.

fé em Deus, 11, 33, 40-2, 44-8, 68, 69, 86, 88, 95, 96, 131, 201, 213; desenvolvimento da,45;diferentedacrença, 46.
felicidade, encontrar, 14, 39, 50, 56, 81, 82, 91, 97, 105 ssq.,108, 112, 124 ssq., 133-7, 139, 142, 159, 162, 166, 177, 197, 199, 200, 203, 209, 218, 219
fracasso, superar o, 16, 60, 70, 72, 73 ssq., 108, 131
Francisco, São, 12, 49.

Galli-Curci, Amelita, 165.
guerra: *ver* paz (mundial).
Gyanamata, Sri, 49, 182.

hábitos, criar e destruir, 95, 107,117 ssq.; influêncianas ações humanas, 7, 14, 32, 59, 62, 71, 104, 105, 108-10, 114, 138, 202, 203, 211.
humor, superar os estados negativos de, 63, 91, 129-31.

imagem de Deus, seres humanos feitos à, 4, 12, 69, 82, 129, 146, 157
iniciativa, qualidade da alma, 65, 73, 77, 78, 125.
introspecção (autoanálise), 105-8, 125, 130.
intuição, 42, 66 ssq., 79 *Ver também* consciência.

Jeans, Sir James, 105.
Jesus Cristo, 69, 151, 152, 158.

karma (lei de causa e efeito), alma livre de 17, 18; coletivo, 20; superar, 16, 17, 176.
Krishna: *ver* Bhagavan Krishna.
Kriya Yoga, 20, 212. *Ver também* yoga.

Lahiri Mahasaya, 47, 67.
livre-arbítrio, 16, 165, 213.

Mãe Divina, 116, 210.
mal, a natureza do, 14, 52, 108, 109, 112-6, 128, 149, 151.
maya (ilusão cósmica), 21, 95, 109, 146, 177.
meditação, 19, 45, 57, 63, 66-8, 72, 77, 84, 98, 103, 186, 200, 203-6, 211, 212, 215, 216, 219; erradica os maus hábitos, 112, 119, 121, 135; fundamental para a paz do mundo, 54; modo de conhecer a Deus e as divinas

Índice temático

qualidades da alma, 5, 18, 36, 40, 91, 100, 113, 210. *Ver também* yoga.

medo, superar, 11, 33, 38, 48, 58, 87, 92, 95, 96, 100, 105, 128, 147, 171, 213.

meio ambiente, influência do, 76.

mente, 5-9, 11, 33, 38, 39, 42-44, 56, 61-8, 71, 75, 82, 90, 91, 93, 95, 96, 98, 99, 103, 106, 107, 111, 112-4, 117-20, 125, 126, 128-31, 136, 140, 143, 145, 146, 150, 152, 158, 160, 198, 204-8, 212, 213; poder da, 7, 8, 12, 17-19, 33-5, 37, 39, 40, 70, 74, 76.

moléstias (ou doenças) *Ver também* cura, 16, 92, 93.

moralidade, 15, 86, 131; leis da, 65, 66.

morte, 11, 18, 19, 36, 48-50, 59, 67, 95, 170-173, 175, 177-9, 181, 204, 218.

mundo astral, 172-5, 176.

natureza onírica do mundo, 31, 32, 58, 177; transcendê-la pela meditação, 36, 57. *Ver também* maya.

nervosismo, superar, 61, 90 ssq. 100.

ódio, superar, 53, 89, 93, 94, 146, 149, 150, 153

olho espiritual, 34. *Ver também* centro crístico.

oração, princípios da, eficaz, 40 ssq., 47, 91, 191.

orientação, receber, interior: *ver* intuição.

paz (individual), 37, 84, 87, 94, 95, 100, 101, 108, 115, 126, 129, 130, 134, 135, 142, 146, 149, 153, 159, 170, 173, 176, 179, 180, 209; condição da felicidade, 63, 81, 139; encontrada na simplicidade, 97, 98; encontrada pela meditação, 6, 58, 213, 219; poder curativo da, 44, 90 ssq.; prova da resposta de Deus, 121, 148, 211, 212; vem de se atender à consciência, 53, 67.

paz (mundial) 55

pecado, atitude correta em relação ao, 65, 113 ssq.

pensamento positivo, 11, 33, 35, 124, 128, 150. *Ver também* atitude.

pensamentos, estrutura fundamental da criação, 104. *Ver também* mente, atitude *e* pensamento positivo.

perdão, 135, 152

personalidade, 143, 158, 170; desenvolver uma, atraente, 4, 142-6; determinada pelos pensamentos da pessoa, 103; fonte da, 4.

poder divino, intrínseco à alma humana, 3, 6-9, 12, 13, 41, 53, 60, 69, 80, 86, 156.

prana, 8, 38, 39

praticar a Presença de Deus, 204 ssq.

prece: *ver* oração.

preocupações, superar as, 33, 36, 37, 56, 92, 95, 97, 98, 136, 213.

problemas, atitude correta em relação aos, 12; causa dos, 16; sugestões para resolver, 11, 59 ssq., 77, 84, 92, 124, 131.
prosperidade, 81-7, 89, 196.
pureza de coração e de mente, 18, 64.

raiva, superar, 64, 91, 92, 122, 129, 140, 143, 146 ssq., 147, 153, 163, 164.
reencarnação, 16, 103, 172.
relaxamento, técnicas de, 95-6.
religião, significado da, 53, 55, 68, 157.

sabedoria, cultivar e exprimir, 7, 15, 60, 61, 63, 64, 91, 110, 122, 134, 149, 157, 173, 178, 201, 210.
segurança, encontrar, 38, 50, 52 ssq., 56, 57, 94, 96, 97, 174, 196.
serviço aos demais, 82, 83, 88, 133 ssq.
sexo, atitude correta em relação ao, 158, 162, 208.
Shankara, Swami, 17.
simpatia: *ver* compaixão.
simplicidade no viver, 97, 200, 201.
sinceridade, qualidade da alma, 143, 170.
sofrimento, atitude correta em relação ao, 15; causas do, 14, 16; propósito do, 14, 15; superar o, 19, 31 ssq., 49, 50, 53, 57, 73, 92, 95, 106, 113, 133, 149, 156, 170, 173, 178.

sorriso, poder do, 13, 39, 99, 143.
Sri Yukteswar, Swami, 35, 45, 68, 99, 114, 149, 154, 156, 168, 200.
superconsciência, 19, 32, 42 ssq., 79, 95.
Swami Shankara, 17

tentação, vencer, 12, 107 ssq.
trabalho, atitude correta em relação ao, 57, 83-5, 92, 206.
tranquilidade (ou calma), 35, 61, 64, 76, 87, 91, 93, 94, 97, 98, 100, 101, 121, 129, 136, 140, 148, 173, 174; a natureza de Deus, 90; fundamental para a percepção divina, 5; fundamental para resolver problemas, 67
tristeza, superar, 57, 92, 123, 125 ssq., 166, 170, 179, 180, 193.

verdade, 11, 14, 16, 44, 46, 55, 56, 58, 69, 77, 103, 108, 100, 115, 119, 141, 143, 207, 209, 213, 218; natureza da, 60, 67, 169.
visualização, uso criativo da, 72, 80, 98, 132, 183.
vontade, força de, para superar os maus hábitos, 121, 122; fundamental para o êxito, 71 ssq.; poder da, 41, 69 ssq., 72, 79, 80, 105, 111, 131, 132.

yoga, ciência da comunhão divina, 5, 55-7, 67, 95, 100, 104, 192. *Ver também* meditação e *Kriya Yoga*.